扫码收看
援藏那些事儿

援藏干部使用手册

李晓南 著

·北京·

图书在版编目（CIP）数据

援藏干部使用手册 / 李晓南著. —北京：科学技术文献出版社，2019.7
（2019.8重印）
ISBN 978-7-5189-5260-1

Ⅰ.①援… Ⅱ.①李… Ⅲ.①西藏—概况—干部教育—手册 Ⅳ.①K927.5-62

中国版本图书馆 CIP 数据核字（2019）第 033616 号

援藏干部使用手册

策划编辑：王黛君　责任编辑：张凤娇　责任校对：文　浩　责任出版：张志平

出 版 者	科学技术文献出版社
地　　　址	北京市复兴路15号　邮编　100038
编 务 部	（010）58882938，58882087（传真）
发 行 部	（010）58882868，58882870（传真）
邮 购 部	（010）58882873
官方网址	www.stdp.com.cn
发 行 者	科学技术文献出版社发行　全国各地新华书店经销
印 刷 者	北京地大彩印有限公司
版　　　次	2019年7月第1版　2019年8月第2次印刷
开　　　本	710×1000　1/16
字　　　数	158千
印　　　张	13
书　　　号	ISBN 978-7-5189-5260-1
定　　　价	85.00元

版权所有　违法必究

购买本社图书，凡字迹不清、缺页、倒页、脱页者，本社发行部负责调换

推荐序一

我和作者的第一次相见是2016年在拉萨的"高原地区室内空间弥散供氧要求"国家标准的研讨会上，会上我和作者交流了人在高原缺氧的预防措施和用氧理念。万万没想到，他这么一名非医学出身的援藏干部，说出来的观点和做法与我从事30多年航空航天飞行员、航天员高空供氧应用生理学研究的理论观点十分吻合，而且，他是我见过的唯一一位援藏后依然身体健康的援藏干部。

首先，令我惊讶的是，他在高原低压环境中利用深度腹式呼吸就能有效提升人体肺内氧分压（肺泡氧分压）和血氧饱和度，明显减轻缺氧症状。这个做法没有任何辅助设备，完全依靠自身的"零部件"和持之以恒的"信念"，可以算是"零成本"完成的。

其次，我发现他自己琢磨出来的"生存之道"——间断用氧（夜间、午休坚持吸氧）与我们小白鼠实验的结论一致，我们实验及他自身的经验都表明：在高原低气压、空气稀薄的环境下吸氧，可以让身体避免很多疾病。因为通过吸氧能提高人体肺内氧分压，力求保障人体生理代谢所需的血氧饱和度水平（经皮动脉血氧饱和度≥95%），避免或减少组织细胞的低（无）氧代谢；通过吸氧，能保证机体组织器官的生理代谢，产生能量，降低或减少组织细胞受低氧伤害与影响。

我们通过几十年航空生理学研究与工程实践认为：无论环境气压变化如何，只要通过航空航天科技座舱增压与供氧呼吸手段维持和保障人体肺泡氧分压，满足人体的生理代谢水平就能保证飞行员、航天员在空中自由翱翔。通过吸氧，营造机体肺内的局部高氧分压状态，可以保证人体身在高原不缺氧。众多研究和李晓南自身的经验充分说明，高原低压、低氧的根本对抗措施是坚持用氧！

利用深度呼吸、坚持用氧来保护身体免受损伤，达到履行使命更好援藏的目的是优秀援藏干部李晓南完成本职工作以外的成果。他的实践经历也为我的"青藏氧调"增强了信心。

除此以外，作者在书中记录了大量援藏经历和对援藏的独到见解，无论对援藏干部，还是对入藏旅游者、边防部队都有参考价值，不失为一本在藏生活和工作的指导书。

中国科学技术协会航空人体与环境防护生理学首席科学普及专家
北京航空航天大学和第四军医大学兼职教授、博士研究生导师
中国航空学会人体与环境专业委员会主任
中国人民解放军航空生理重点实验室主任
空军航空医学研究所研究员

推荐序二

《援藏干部使用手册》真实地记录了晓南援藏三年的生活经历，介绍了在藏工作的心得体会和创新实践，阐述了人在高原可以不缺氧的创新理念。它既是一本很普通的生活指南，又是一本很不普通的科普读物，不仅对援藏干部有指导意义，也为境内外旅游者、投资者、建设者奉献了一部通俗易懂的"入藏宝典"。

援藏是一项重要的国家决策，从各行各业选拔优秀人才入藏工作将是长期的。他们从内地到高海拔的西藏，如何避免空气稀薄等恶劣环境对人体的伤害？如何科学使用身体，较快地调整好自己的生活习惯、工作方式、活动方式？如何找到一些简便易行的办法解决人在高原缺氧的难题？这些问题是入藏人员面临的难关，是做好援藏工作的前提，也是作者援藏三年经常碰到的。晓南在书中或引经据典，或罗列史实，或谈心得体会，对"有害的""糊涂的"观念和行为进行深入地剖析和指正，他用自己的亲身经验证明：人在"高原缺氧"的问题完全可以解决，其办法人人都能学会。

这本书针对的主要读者是援藏干部，目的是帮助援藏干部了解西藏、认识西藏、热爱西藏、顺利入藏、健康出藏。书中内容丰富，不仅涵盖了西藏的天文地理、自然资源、民情风俗、历史文化等内容，还涉及西藏发展的宏观经济决策。书稿送给我看时，我一口气读完，有的章节还反复看了两三遍，可谓读之有味，思之有益。为什么？究其原因：一是内容真实真诚，书中介绍的经验都是晓南的亲身经历或他本人试验过的，非他人可代，讲的也是真实的故事，无半点道听途说，读起来自然亲切；二是解说细致入微，经验是千百万人实践总结出来的，但传播经验时，晓南不是简单地罗列一、二、三、四……而是让你知其然而后知其所以然，哪怕简单的生活常识，如洗完澡必须在5秒钟内吹干头发，也要讲清科学道理，让你明了为什么这样做。正是以上两个特色，大大增强了此书的可读性。

"三年援藏行，一生西藏情"，晓南的这句肺腑之言，情真意切，十分感人，相信他的这种西藏情如同雅鲁藏布江之水清澈、干净、奔腾不息，与他相伴一生。三年援藏时间，晓南尽心尽职，出色地完成了援藏任务并被评为"优秀援藏干部"。探索"高原缺氧"防护办法完全是"分外"之事，但正是他一贯的迎难而上和用心投入的工作作风，最终走出一条援藏的新路——补氧。

希望在西藏未来发展道路上仍可见到他的身影，听到他的声音。

是为序。

原国有重点大型企业监事会主席

推荐序三

李晓南同志是我在原国有重点大型企业监事会工作时期的老同事，他于2013—2016年被选派援藏，是原监事会历史上唯一的援藏干部。

晓南做事认真，是那种敢于发现问题，也善于分析问题和有能力解决问题的人。他工科出身，加入监事会队伍之前，做过科研，当过秘书。他在长达15年专职监事岗位上从事监督检查工作，养成了认真负责，以问题为导向，不彻底理解绝不罢休的习惯。他善于提出"原始"疑问，对一些看似司空见惯的事情不人云亦云，不随波逐流，经常打破砂锅问到底，提出自己的独立见解。他还是机关乒乓球高手，且长年坚持踢足球，他的乐观精神和身体状态令许多"60后"同龄人望尘莫及。

我在监事会工作期间，也曾到西藏短暂出差几天，对高原反应深有体会。可以想象，三年援藏对一个人来说是怎样巨大的挑战。在挑战中，晓南不仅悉心研究、亲身实践解决了自身在高原缺氧问题，还对援藏干部和青藏高原产生了深厚情感。在援藏结束后，用两年时间精心归纳总结经验，为今后的援友和入藏人员能在西藏美好生活和工作献计献策。

据我了解，他在撰写《援藏干部使用手册》过程中，每天坚持10个小时以上的工作和写作。为了证明生活习惯和旧的观念可以改变，他自己甚至改为左手用筷子。为了让大家认识新观点的科学性，他花费大量业余时间学习医学知识和有关自然科学知识,将人在高原健康生活的方法描述得深入浅出,通俗易懂,为后续援藏干部和进藏人员提供了帮助。

感谢晓南作出的努力!对于本书的出版,我在这里向他表示衷心的祝贺!

审计署企业审计四局局长

原国务院国资委监事会局局长

推荐序四

刚刚从川藏铁路沿线调研回来，顾不得"醉氧"和旅途劳顿便打开了李晓南先生发来的《援藏干部使用手册》文稿，秉烛夜读，一览之下大为震撼，手不释卷直至星稀。

我作为在高原医学与生理学领域沉浮 20 余年的科研工作者和有高原情结的十八军后人，有关西藏历史、人文、自然、宗教和高原健康损害防护等方面的著作涉猎不少，但还是第一次看到以亲历者的角度、以纪实文学的形式、以对援藏事业的忠诚、以悲天悯人的心态将高原低氧等因素对健康的损害，以及通过吸氧、深度腹式呼吸等方法进行干预的科学实践娓娓道来的书籍。

第一章"知行"，重点介绍了西藏极端特殊的地理和气候环境，以及社会和经济发展的特点，强调了援藏是重要的国家战略，提出了援藏不是生理碰撞试验的观点。

第二章"生存"，作者以西藏的高原环境为切入点，深入剖析高原低压、低氧环境对身体健康的影响，通过亲身实践总结出预防缺氧、抵御温差大、防紫外线晒伤、防干燥等的方法。

第三章"工作"，提出了"援藏最需要科学和创新"和"供给侧基础性援藏"的理念，并列举了在援藏期间的多个工作实例，如从内心深处改变认知的"爱国之旅"、精准援助、消灭青山碧水中的垃圾、利用自然能源采暖、建设供氧宾馆等。

第四章"生活"，作者讲述了在西藏吃喝拉撒睡、衣食住行中应该注意的事项，在附录中还专门介绍了入藏装备。

内容详尽之至，令人开卷忍俊不住，掩卷收获良多。

特别是作者从自己和周围援藏干部的亲身经验与教训的角度，提出用深度腹式呼吸、保证睡眠供氧等方式增加组织氧供，防护急性和慢性高原病，以及高原衰退症的观点，与国家近年来制定室内供氧标准时提出的初衷，以及与国际"低氧预适应和间歇式低氧"的主流科学观点不谋而合。而且，其一直践行的高原补氧操作方法更加简便易行，对提高援藏干部和高原地区人民的健康有重要的实践意义。

相信该书的出版，不仅为辛劳奉献的援藏干部提供了生动、科学的高原健康与工作的参考资料，对于高原上的建设者、保卫者、旅游者也有重要的借鉴意义。

祝贺作者，祝福西藏，扎西德勒！

原军事医学科学院研究员
国家自然科学基金"高原低氧高寒损伤与适应机制研究"重大项目首席科学家（共同）

自序

西藏有魔力，凡是用心来过西藏、看过西藏的人，用心触碰过、体验过、感悟过西藏的人，无一不对其产生难以割舍的感情，从此牵挂。

这魔力是什么？引得人年年去，甚至辞去大都市的工作留下不走。

这魔力是什么？让人初次去就无偿献血，再次去再次无偿献血。

这魔力是什么？让人为西藏做事全力以赴，不计个人得失。

我思考了很久，一直在寻找答案，原来是：真实、干净和简单自然。

西藏真实，它真实地矗立在那儿，毫不做作。它高大伟岸、晶莹剔透、宁静幽邃。在伟岸面前，人的渺小已不是错，伟岸提醒人仰望星空；在晶莹剔透面前，遮掩毫无用处，生活惟有真诚坦荡；在宁静幽邃之下，喧嚣无地自容，内心无比安详。

西藏干净，空气干净、水干净、食材干净，还有人心干净！西藏不"害人"！西藏人民纯朴、心地善良、追求清白，生活在大都市的人在这里能感觉到久违的舒服，像回到自然淳朴的老家，围坐在老祖母膝下听故事；像回到原始部落老族长的身旁，找到人生的秩序。

西藏简单自然，人和人关系简单，互助从善；人与物关系自然，相依为命；在这里，无论彼此来自哪里，相处都会变得简单，容易找回善良的本性，找到大爱！

不到大昭寺也许你以为曾经真的懂得虔诚，不站在珠峰面前你以为从前真的见过大山，没去过阿里扎达土林你以为自己真的来过地球。西藏聚集了这个星球最严酷的要素考验人类，敢于接受挑战的人类会来到这里。"来了，就要像小草扎根一样，以渺小的身躯参与高原的辽阔！"这是我在纪念援藏

20周年组歌《极地放歌中国梦》中的演出台词,也是援藏干部的内心表白。"人才自古要养成,放使干霄战风雨。"援藏干部要把艰苦历练当机会,抓住机会行善,积善成德;寻找机会助人,助人为乐。以渺小的身躯参与高原的辽阔,参与祖国的建设。

因为援藏,我来到祖国边疆,从内心深处理解了"国家幅员虽辽阔,但国土无一寸多余"的含义;因为援藏,我登上世界第三极,切身感受了生命禁区超出常规的气候环境;因为援藏,我有机会在那曲驻村,真正接了"地气",认识了虔诚、纯朴、与人为善、需要帮助的人民。援藏为什么?在藏干什么?离藏留什么?从援藏开始至援藏结束后的今天还未停止思考。

本书的出版得到众多援藏干部和关心援藏工作的同志们的支持和鼓励,"人在高原可以不缺氧"的观点形成是在2013年8月受到第六批杨战旗援友"高原增氧功"的启发;2015年6月在拉萨得到年届80岁的吴天一院士的当面鼓励,给我的方法起名为"李氏高原呼吸功";2017年6月空军航空医学研究所肖华军教授赠送我他的专著《航空供氧防护装备应用生理学》,并给予专业指导;2018年5月武警总医院王立祥教授团队专门为我详细介绍了"腹部提压心肺复苏(CPR)技术"原理,对人在高原深度腹式呼吸的有效性给予了有力佐证。我的派出单位和受援单位,即国务院国资委和原国有重点大型企业监事会、西藏自治区国资委和西藏国有企业的领导和同事们给予了我许多无私帮助,在此一并表示感谢!

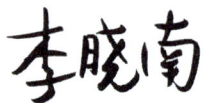

前言

  1994年国家"分片负责、对口支援、定期轮换"政策施行以来，社会各方援藏力度不断加大，派出的援藏干部越来越多。自2008年西藏社会长期稳定、持续稳定、全面稳定局面巩固以来，西藏社会管理水平稳步提升，基础设施不断完善，赴藏旅游人员越去越多。党的十八大以后，随着"一带一路"倡议展开，西藏作为我国面向南亚开放的重要通道，涉藏经贸活动逐年增加，在藏投资兴业者越聚越多。但入藏人员因高原反应发生人身安全事故的消息经常传来，专门针对援藏干部和入藏人员使用的、科学的、实用的指导书籍很少，这是本书出版的缘由之一。

  2013—2016年作者援藏期间，发现并验证了一项事实——人在高原可以不缺氧！通过深度腹式呼吸（类似汽车发动机涡轮增压方式，排量未增加，但功率提高了）和辅助吸氧，可维持人体全天多数时间经皮动脉血氧饱和度在95%及以上，避免长期缺氧发生器质性病变。他亲身验证过的地方是海拔4000米的那曲地区比如县达勒村，时间近半年，3650米的拉萨市，时间2年多。作者将方法总结为"两句话"，即"身体自由深度腹式呼吸；午、夜静息经鼻吸氧"。此方法具有"可重复验证、可证伪、自身没有矛盾"的科学性。作者通过本书，将这个方法推荐给广大援藏干部、在藏干部群众、戍边军人、旅游者，共同破解人类在高原缺氧的千年难题，帮助建立我国乃至世界高海拔栖息地的人类生存保障体系。

  在援藏工作和生活的三年当中，作者逐渐形成并强化出一种新理念：援藏干部要注意安全、关系、工作三个方面，既不可偏废，更不能颠倒次序！

当出现矛盾时,前者优先,后者服从。首先,要学会科学使用身体,既不去适应高原空气稀薄,也不去适应紫外线强、空气干燥、日夜温差大,不向高原伤害低头,杜绝发生生命安全事故,避免留下援藏后遗症;其次,要处理好民族关系、干群关系、工作生活关系、人与自然关系等;最后是履行岗位职责,完成援藏任务,实现援藏目标。

工作排在最后决不是思想落后。作者按照上述理念,实现了安全援藏,身体没出问题也没有留下后遗症,结束援藏后连续三年体检,身体脏器及机能完好如初,目前仍可以每周踢场足球。由于有健康身体作保障,作者较好地履行了自治区国资委副主任职责,创新完成了在那曲半年的驻村,有效推进了国企国资改革、填补了外派监事会空白、对接了"央企入藏"等;达成了全面援藏,推动解决人在高原缺氧、西藏生活垃圾处置、陶瓷太阳能采暖等民生问题。

本书基于作者一段难得的人生经历,汇集于此与老"援友"们交流,请新援藏干部借鉴,供其他入藏人员参考。

目录

第一章 知行——援藏不是生理碰撞试验 01

- 02 西藏地理气候极端特殊
- 07 西藏发展不平衡不充分
- 10 援藏是重要的国家战略

第二章 生存——西藏是检验身体的地方 17

- 18 如何解决缺氧问题
- 18 人在高原缺氧的现象
- 30 人在高原缺氧的原因
- 55 人在高原缺氧的机制
- 71 一天少吸十斤空气
- 82 "两句话"防止人在高原缺氧
- 113 便携式脉搏血氧饱和度检测仪
- 115 如何抵御温差大
- 116 高原的冷刻骨铭心
- 119 增减衣服适应温差
- 124 务必及时吹干头发
- 126 如何防紫外线晒伤
- 128 避免阳光直射眼睛
- 128 避免雪地反射伤眼
- 130 风雪中驾乘防"雪晕"
- 131 实用防晒"装备"介绍

133	如何防干燥
134	多喝水
134	涂眼膏
136	坚持使用加湿器

第三章　工作——援藏最需要科学和创新　*139*

140	"爱国之旅",从内心深处改变认知
144	"衣旧"情深,让援助更精准
147	消灭垃圾,就地、密闭、高温、焚烧
152	采暖,利用自然改善民生
156	供氧宾馆,供给侧基础性援藏

第四章　生活——西藏是苦乐兼具的地方　*161*

162	吃,舌尖享受西藏的美好
168	喝,总量比内地增加一半
173	如厕,大小便次数宜增加
174	睡眠,在西藏是天大的事
174	穿衣,经验之谈实用为要
175	洗澡,防缺氧防受寒不可少
176	出行,缺氧与交通事故正相关
181	锻炼,西藏不宜体能训练
182	照相,不建议专职摄影

185　附:入藏装备

187　后　记

第一章 知行

——援藏不是生理碰撞试验

西藏，位于"世界第三极"，海拔4000米以上地区占全自治区总面积的85%，这里空气稀薄，属高高原[1]。拉萨，藏语的意思是"佛在的城"，海拔3650米，空气稀薄程度相当于海平面的65%，紫外线照射强度经常超过国家标准最高等级第五级(30瓦/平方米)1倍以上。一天内的温差较大，人在此虽然可以自由呼吸，自由行走，但体表容易受到灼伤、晒黑，体内容易发生缺氧、脱水和受寒，其中缺氧会引发人体高原反应[2]，甚至导致失去生命。援藏干部来此工作是支援西藏、建设西藏，接受人生历练来的，不应做或尝试做超出人类生理极限的事。

[1] 高高原，是借用国际民航组织对"高高原"机场定义的概念，海拔高度在8000英尺（2438米）及以上的机场称之为"高高原"机场。而人体一般在海拔2500米以上开始出现低氧生理反应，海拔4500米以上就基本无法适应了。

[2] 高原反应（high altitude reaction），亦称高山反应，是人体进入海拔3000米以上高原，暴露于低压环境后缺氧而产生的各种不适症状，包括头痛、失眠、腹泻、疲倦无力、手脚酸软、食欲减退、嘴唇紫绀、呼吸困难等，严重者反应迟钝、情绪不宁、思考力、记忆力减退、感觉（如嗅、味觉）异常、浮肿、休克或痉挛等。根据发病急缓分为急性高原反应、慢性高原反应两大类。

西藏地理气候极端特殊

无论自然还是人文,西藏都极端特殊。

西藏地大而独特 全区国土总面积120.2189万平方千米,约占全国总面积的1/8,截至2016年底,人口约330万,相当于上海市人口的1/7,地广人稀,每平方千米仅2.7人。西藏横跨5个气候带,从藏东南到藏西北,依次为热带、亚热带、高原温带、高原亚寒带、高原寒带。从狮泉河畔、珠穆朗玛到年楚河流域,从羌塘草原、横断山脉到西藏"江南"——林芝,西藏环境多样,既有不长树只长草的那曲,也有产香蕉、长塔黄的林芝。藏族人多数不吃鱼,但曲水俊巴村世世代代以捕鱼为生。世界最高海拔乡——浪卡子县普玛江塘乡小学所在地海拔5373米,比珠峰大本营还高219米,墨脱县德兴乡巴昔卡村海拔仅152米,与平原无异。

图1-1 塔黄 图片作者:周文强

注:塔黄为珍稀藏药材,生长于藏东南米林、朗县,海拔4400米的高山上,生长季节在不足1个月时间里可长到2米。

西藏各类资源十分丰富,其中水力、矿产和旅游资源均是世界级的。作为亚洲水塔,西藏水力资源理论蕴藏量2.1亿千瓦,技术可开发量1.4亿千瓦,半数聚集在藏东南,仅雅鲁藏布江一条江的水力资源蕴藏量就达7000

万千瓦，是 3 个三峡工程之和（三峡工程装机总容量 2240 万千瓦）。全区已探明几个储量过千万吨的铜矿，单体均超过我国铜基地江西德兴；盐湖锂矿资源远景及高温地热储量也排名全国第一。旅游资源总体处于原始状态，开发较浅，现在游客常去的景点仅仅是具有代表性的几个地方，如拉萨、羊湖、林芝、纳木错等，即便如此，每年都吸引游客上千万人次。如果科学保障，有序开放，原生态开发，西藏作为世界旅游目的地，经济潜力巨大。

西藏承载新的战略使命　2006 年 7 月，青藏铁路通车，为进出西藏提供了全天候、大能力、快速度的运输方式，发挥了重要的交通作用。

货运，通车前的 2005 年，公路、民航和管道合计完成全社会进出藏货运总量 144.61 万吨，其中公路占

图 1-2　冈仁波齐　图片作者：唐侨

90.6%。2015 年完成货运量 2478.19 万吨，是 2005 年的 17.14 倍，其中铁路运输 494.22 万吨，占比近 20%。

客运，通车前的 2005 年，全国主要城市均没有直达格尔木的列车，格尔木至拉萨长途卧铺大巴汽车全程耗时 36 小时左右，公路、民航合计完成全社会进出藏客运总量 205.77 万人次。通车后，格尔木至拉萨开行时间最短为 13 小时 22 分。2015 年全自治区客运总量增加到 2072.72 万人次，是

2005年的10.07倍，其中青藏铁路运送219.66万人次。

2015年8月拉萨至日喀则铁路开通，旅游或办事乘火车当日可往返，这在以前是不敢想的。西藏境内交通持续不断得到改善，拉萨至林芝公路全线高速化已经实现。

2014年12月，举世无双、难度堪称"史诗级"的世纪工程川藏铁路开工。该铁路东起于四川成都，经雅安、康定、理塘、左贡、波密、林芝到拉萨，全长1838千米，设计时速160～200千米，客货兼运，预计2026年建成。建成后动车组从成都开到拉萨仅需13个小时。届时，川藏、青藏、滇藏、新藏、甘藏5条"天路"通西藏，四季无阻、气候无阻。青藏铁路，包括拉日铁路、拉林铁路等项目，为我国南向推进"一带一路"建设创造了基础条件，联通

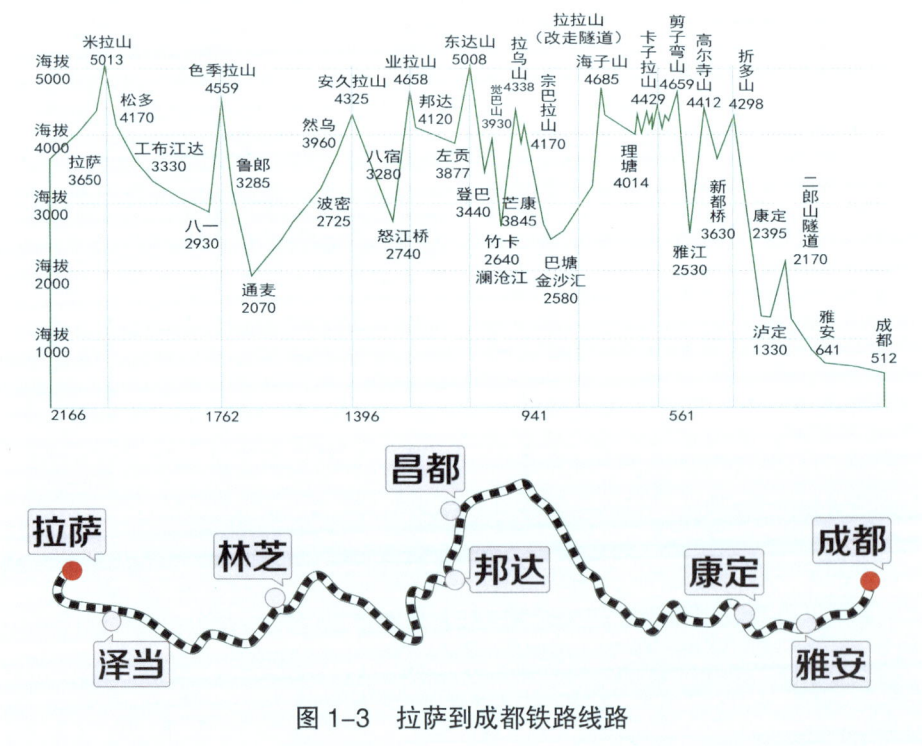

图1-3 拉萨到成都铁路线路

中国至南亚的陆路通道,便于北京、成都、西安、兰州等主要城市与南亚诸国经济往来,运输时间从12天至18天缩短到1周以内,将有力促进环喜马拉雅经济合作带建设和中国-南亚区域联盟深入合作。

西藏是少数民族聚集密度最高的地区之一 全区藏族人口占90.48%,汉族(占8.17%)、门巴族、珞巴族、回族、纳西族等45个民族及未识别民族,如僜人、夏尔巴人。藏族多数信仰藏传佛教,但文化包容。西藏至今有原始苯教,拉萨还居住着不少穆斯林,大昭寺东、南两面各有一座清真寺。工作单位里除藏族同事外,还有许多汉族"藏二代""藏三代",不少是光荣的十八军后代。藏汉两族通婚很常见,联姻结出"团结族",也有援藏干部娶藏族姑娘为妻调藏工作,在西藏安家的。

图1-4 2015年西藏街景

西藏人民物质生活水平提高　　自 1959 年西藏从农奴制社会跨入社会主义社会以来，人民物质生活水平不断上升，尤其是从 1994 年援藏政策实行以来的 20 余年变化最大。20 世纪 90 年代，人们到平原地区出差返回西藏时，行李里还要夹带蔬菜，如果行李超重了，会把水萝卜或大白菜塞进大衣兜里带上来，舍不得丢弃。如今物流方便，拉萨已成美食城，各地美食集聚，蔬菜、水果、副食供应丰富。援藏干部如果在拉萨找不到可口的家乡菜餐馆，一定是市场调研不到位。2014 年初，在我驻村的那曲地区比如县县城都能吃到云南的蔬菜，在交通方便的良曲乡，不时还能买到从成都运来的新鲜西红柿。西藏现代文明程度不断提升，主要城市当街便溺现象几乎绝迹，治安非常好。人均寿命也已提高到 68.2 岁，比中华人民共和国成立初期的 35.5 岁增加近 1 倍。2014 年末的孕产妇和婴儿死亡率分别为 100.92/10 万和 16‰，比中华人民共和国成立初期 5000/10 万和 430‰ 大幅降低。目前西藏自治区小学入学率为 99%，高中入学率超过 70%，高等教育入学率 30% 左右。拉萨市拥有的私家车数量在全国城市中也是名列前茅的。

西藏对外交流、交往、交融还远远不够。面对这样的局面，唯有开展交流，才谈得上交往，乃至有交融。

2014 年 4 月，我带领那曲地区比如县茶曲乡 7 个村的 12 名村干部到北京、天津开展了一次"爱国之旅"，让村干部了解"外面"的人和事，接触现代社会，转变观念。对于他们当中的多数人而言，这是非常难得的第一次，也可能是唯一一次到首都北京，甚至是到平原地区的机会。事后我问其中一位村干部最大的收获是什么？他说："我一定让我小儿子到平原地区生活。"那时，他小儿子 6 岁，两个大儿子已经娶了媳妇在家种地、放牧、采虫草，几乎不可能再走出去了。我相信，这次"爱国之旅"改变的不仅是对下一代的教育，更多的是对新生活的希冀。

图1-5 "爱国之旅"合影

注：后排从左到右为罗布拉桑、次旺、苏热、巴桑同珠、索朗旺加、才旺（团长）、李晓南、塔尔德（导游翻译）。前排从左到右为贡巧次旺、次仁顿珠、玛宗、嘎玛、央卓玛、次仁吉姆、白玛德吉（领队）。

西藏发展不平衡不充分

西藏是全国最大的集中连片贫困地区，全区74个县全部属于贫困县，截至2016年底，还有贫困人口44万，占全区人口1/7，具有"大分散、小集中"的特点。2017年城市和乡村居民可支配收入分别为30582元、10367元，为全国平均水平的84%、77%，脱贫攻坚任务重、难度大。通过驻村进入西藏腹地，我切身感受到西藏社会的温、饱（特指吸饱氧和睡饱觉）和干净三大基础问题尚未解决，援藏要做和可做的事情很多。

"温"是指家庭采暖。高原空气稀薄,热量难以储存,"光照热、背阴冷"现象严重。我们经常看到藏族同胞穿藏袍单臂露出,那不是因为喜欢而是生理需要。实际上藏族同胞一天之内双臂露出或者全部穿上时都有,当地的人们必须通过穿脱衣服应对这里一天"四季"的气温变化,多数时间气温居中,也就是我们看到的藏族同胞单臂露出的时候。蒙古袍和藏袍结构几乎一样,但蒙古族同胞很少单臂露出,因为一天内的温差没有西藏这么大。近些年西藏百姓的住房普遍搭建了阳光房,由铝合金加玻璃构成,白天能够较好地利用阳光,起到防寒作用,但是傍晚、夜晚房间还是冷,尤其阴面房间一年四季冷,按需采暖问题未从根本上科学解决。

西藏百姓的采暖主要靠烧牛粪,负面作用是加剧了草场退化。现在随着生活水平逐步提高,人均牛粪消耗量也比往年有所增加,甚至迁居到拉萨的那曲同胞依然保留着烧牛粪的习惯。虽然拉萨2015年已建天然气采暖系统,但那曲的老乡们仍会将整车的牛粪送到拉萨来卖,而那曲的草场就少了这些牛粪的营养。

图1-6 牛粪

昌都地区和林芝地区一些县至今还保留着伐木烧柴的习惯,在洛隆县、左贡县住家墙垛上可见被切成段、码整齐的木柴,其中不乏直径半米以上的圆木。但是得天独厚的太阳能资源却白白放空,丰富的地热资源开发利用也不够。

"饱"特指吸不饱氧、睡不饱觉。人在高原因缺氧睡不好觉的现象普遍、严重、长期地存在于西藏的广大人民群众当中，外地人、外国人到西藏出差、工作或旅游同样如此，一直未破题。西藏神秘、神圣、令人神往，把西藏作为一生必去之地的人很多，但是还做不到说去就去，主要就是因为没有防止缺氧的科学保障，对高原反应心存忌惮。

图1-7 木柴，拍摄于2013年12月，洛隆县

"干净"是指日常卫生。许多农牧民家庭没有洗澡和洗衣条件，或者条件很差，有的还处于原始的背水状态，只不过陶罐换成了轻便的塑料桶。部分乡村镇地区公厕尚未普及，有公厕的卫生也很差。总体而言，卫生保障水平较低。

在我驻的村，上水的水枪2013年才入户，之前是去小溪边或江边去洗，更不方便，洗小件衣服全靠背水到楼上。

生活垃圾处理方式主要是随手丢弃和集中丢弃，全自治区修建了130多个填埋场，用于邻避转移垃圾，但绝大多数不填也不埋，越堆越多。

援藏工作要与西藏实际相结合，既要结合当地的硬件情况，

图1-8 洗衣和背水的人们

注：2013年12月，达勒村用水还比较困难。

图1-9 玛尼石　图片作者：徐小军
注：玛尼石是藏族僧俗为祈福保佑所做，不可捡拾。

也要结合人文软件情况，既要结合当前的情况，还要结合日新月异变化的情况，最应当尊重西藏当地的文化习俗，模范践行民族政策，如不钓鱼、不看天葬、不动玛尼石、不向江河中投石子、不在湖边捡石子、不逆时针转寺庙和拉康、不用手指指佛像而要端手、不追人照相、不问贵姓，还有行车途中路边有人等车，不能捎脚时要端手示意，通过神山垭口时要对山表示敬意，在垭口驻留时不得便溺。

援藏是重要的国家战略

支援西藏是一项重要的国家战略。改革开放以来，中央先后于1980年、1984年、1994年、2001年、2010年、2015年召开了六次西藏工作座谈会。

每次会议都有重大举措出台,推动西藏经济发展、民生改善、社会稳定。2015年第六次西藏工作座谈会提出"治国必治边,治边先稳藏"重要战略思想。明确做好西藏工作的重要原则是:依法治藏、富民兴藏、长期建藏、凝聚人心、夯实基础。西藏的战略定位是:两屏四地一通道,即重要的国家安全屏障、重要的生态安全屏障;重要的战略资源储备基地、重要的高原特色农产品基地、重要的中华民族特色文化保护和传承地、重要的世界旅游目的地;面向南亚开放大通道。援藏是手段,通过援藏实现一个个战略定位,最终达到"藏稳""国治"的目的。

表1-1 省市及中央企业对口支援西藏各地区

	省市对口支援地区			中央企业对口支援县		
1	北京	拉萨	1	中信集团	那曲申扎县	1
2	江苏		2	中石油	那曲双湖县	2
3	上海		3	中石化	那曲班戈县	3
4	天津	昌都	4	中海油	那曲尼玛县	4
5	重庆		5	神华集团	那曲聂荣县	5
6	山东		6	中国联通	阿里革吉县	6
7	吉林	日喀则	7	中国移动	阿里改则县	7
8	黑龙江		8	国网集团	阿里措勤县	8
9	广东		9	中国电信	昌都边坝县	9
10	福建	林芝	10	一汽集团	昌都左贡县	10
					昌都芒康县	11
11	安徽		11	东风汽车	昌都贡觉县	12
					昌都江达县	13
12	湖南	山南	12	宝钢集团	昌都八宿县	14
13	湖北		13	中铝集团	昌都察雅县	15
					昌都卡若区	16

续表

省市对口支援地区		中央企业对口支援县		
14	浙江	14	中远集团	昌都洛隆县 17
	那曲			昌都类乌齐县 18
15	辽宁	15	武钢集团	日喀则仲巴县 19
				昌都丁青县 20
16	河北	16	中化集团	日喀则岗巴县 21
17	陕西	阿里	17	中粮集团	山南洛扎县 22

注：因重组，个别中央企业名称有变化，武钢集团、宝钢集团现为宝武集团，中远集团现为中远海运。

1994年中央第三次西藏工作座谈会作出的"分片负责、对口支援、定期轮换"决策，由中央各部门和15个省市承担，首批安排了62个援建项目，开创了全国支援西藏的新局面。后来施援省市增加到17个，对口援助西藏7地市——拉萨市、日喀则市、林芝市、昌都市、山南地区、那曲地区、阿里地区（表1）。2001年第四次西藏工作座谈会后，又增加17户中央企业对口支援17个偏远艰苦县（区），2016年支援的偏远艰苦县增加到22个。据统计，截至2015年末，近6000人次的援藏干部入藏工作，累计投入资金260亿元，建设项目几千个。其中，16家中央企业（不含中信集团）选派援藏干部180人，落实援藏项目1300多个，安排对口援藏资金29.55亿元。

因为项目数量多，平均在每一个项目上的钱很有限，但成效大，有援藏干部在前线精准引导，钱用在了解决民生问题的刀刃上，积少成多，有效地提升了老百姓的生活水平和文明程度。如那曲班戈县中石化小学，以前孩子们冬天上课教室寒冷，靠跺脚御寒。新建教学楼阳面修建了通高的采光大厅，采集足够的光热，其余三面墙加保温材料，防止散热。从2016年起，孩子们冬天上课再不跺脚，牧民纷纷把孩子们送来上学，持续保持高入学率。全家以孩子为中心，全县以学校为中心，班戈小学成了暖心工程、聚

图 1-10　援建　图片作者：李观军

心工程，全县的精神中心。从不题词的热地副委员长破例为家乡的这所小学题写了校名。

援藏干部的个人援藏行为也很感人。中化集团第六批援藏干部季抗利和家人捐资 55 万元为岗巴县集资捐建直克乡兰德希望小学，建筑面积 404 平米。后来县政府追加投资扩建校舍，在校学生达 120 名。

中信集团第六批、转第七批、又转第八批的援藏干部陈人杰动员其派出单位中信证券公司，在申扎县建起村级幼儿园 6 座，投入资金 800 余万元，开创了西藏建村级幼儿园的先河。"紧扣牧区老百姓的生产生活，解放了劳动力，让孩子的双语教育提早了 2～3 年，有利于民族团结，高度体现了'精准扶贫、精准脱贫'精神，是一项值得进一步探索的民心工程。"中信证券总经理这样说。截至 2017 年末，累计入园孩子 233 人，毕业升入小学 139 人，因倡导双语教育，孩子普遍素质较高，深受小学教师的欢迎和赞赏。

西藏经济社会发展需要广泛、深入和精准的支援。在国家计划安排之外，一批未承担固定县对口援藏任务的中央企业以高度的政治责任感和大局意识，积极主动承担任务。如中国电建对口支援自治区能源局和西藏天路股份公司，援建昌都过渡电源和边坝、洛隆水电站；中交集团对口支援西藏交通厅和重点项目部；中建股份、建筑设计院对口支援西藏住房建设厅系统；中冶集团对口支援西藏矿业股份公司；华能集团援建拉萨、阿里过渡电源和墨脱农电，华润集团援建拉萨双循环燃气发电机组；中国大唐、中电投、三峡集团等援建西藏县级重点水电站和局域电网；国家电网、南方电网、中国华能、中国大唐、中国华电、中国国电、中电投集团、三峡集团、华润集团、中国电建、中国能建承担"十二五"电力援藏任务，帮助解决西藏无电人口用电问题。社会主义制度的优越性在援藏工作中得到了充分体现。

要完善和深化援藏工作，施援方必须从受援方需求出发进行供给侧结构性改革，精准施援，务求实效。不能乱箭齐发，而要有的放矢；不能一哄而上，而要谋定后动；不能表面风光，而要内藏锦绣。

图 1-11　被遗弃的沼气锅

以无偿援助为主,是"输血"。多数项目雪中送炭,广受欢迎,但有些项目一厢情愿,最后打了水漂。如一家一户发一口沼气锅,那曲地区也是如此,可是这里哪来的沼气原料和生成沼气的气候环境啊?

图 1-12 高原地貌

由援藏单位为西藏援建经济项目，吸纳当地就业、发展当地经济，是"造血"。湖北省在山南地区援建华新水泥项目最为典型，契合西藏经济建设需要，成为促进西藏经济社会发展的好项目。中组部组团式医疗援藏培养当地医生、中央企业定点帮扶西藏当地国有企业也属此类。

正常经贸往来是援藏的新阶段，是规模以上经济组织进入西藏开展项目建设、经贸往来和金融服务等，包括设立分支机构，与西藏当地及经过西藏与毗邻国家开展经济交往，带动西藏基础设施建设，打通我国面向南亚开放的大通道，促进人员交往、文化交流、民族交融。以2017年6月西藏自治区和国务院国资委共同举办的"央企助力、富民兴藏"活动为重要标志，中央企业政治觉悟高，责任意识强，经济实力大，企业行为援藏更加可持续，应是西藏的首选。从西藏的地理位置、配套条件、人文基础来看，孤立地、封闭地、分割地开发西藏，经济、社会、环保都可能出现问题，不可持续，甚至带来负面影响。

西藏的长治久安是目的，交往、交流、交融是方法，输血、造血和正常经贸往来是手段，手段逐步递进，又相互嵌套，互不替代。不同经济发展水平的市县、地区，需求不同，选择不同，只有全方位、多角度、差异化援藏才能发展西藏、稳定西藏。

总之，援藏干部来到祖国大家庭里自然环境极端特殊、人文环境极端特别的地域，要将正确的认知和明智的行为统一，做到知行合一，科学援藏。科学应对环境挑战，保持身体健康，理性看待文明差异，保证顺畅沟通，务实地引入、启动、实施援藏项目，在援藏实践中，认识西藏、理解援藏、融入西藏，促进西藏文明进步、维护民族团结和国家稳定。

第二章 生存
——西藏是检验身体的地方

人在西藏将会面对4种悄然无声的生存伤害：缺氧、温差大、干燥和强紫外线照射，这些在平原低海拔地区不存在或比较轻微，援藏干部往往没有经验，如不加防范就会潜移默化地损伤血肉之躯，长期损伤积累到器质性病变程度便不可逆，有的猝发疾病牺牲生命，有的变成慢病终身受害。上述4种伤害的医学机制都已认识清楚，防止伤害的条件也已具备，但是以缺氧为例，现状却是：特能忍耐不吸氧、逆来顺受等适应！许多优秀援藏干部未经受住西藏的"体检"，身体造成了较大的、不必要的损伤。在此我忠告大家：不能适应"高原缺氧"！

在4种伤害中，伤害最大、最深、最久的是缺氧问题，因在理解和应对上稍微复杂些，所以我在本章内容中说得稍微多一些。

如何解决缺氧问题

人在高原缺氧的现象

2013年10月的一天，我在拉萨贡嘎机场候机大厅红色排椅上静静地坐着等待登机，没有什么特别的不适感觉。这是我援藏2个多月后第一次回北京出差。我随手取出带在双肩背里的脉搏血氧饱和度检测仪（指夹式脉搏血氧仪）夹住手指，测出我的经皮动脉血氧饱和度为89%、脉搏107次/分。次日下午我坐在北京家中，这对指标变为99%和65次/分，身体有些困乏但也没什么特别的不适感觉。可是巨大的数据差异引起我的警觉。

我查询医学书籍得知，血氧饱和度是反映肌体供氧程度的重要指标，民用的检测仪最高设置为99%，ICU专业监控仪最高设置为100%，达到这个值表示体内血红蛋白与氧的结合完全饱和，大于95%为不缺氧，处在90%～94%为供氧不足，该值小于90%为缺氧。从此，我盯住我的经皮动脉血氧饱和度不放，在3年援藏中，甚至结束援藏后至今一直测量。

援藏中我在那曲驻村时测量、在拉萨工作时测量，在西藏、在平原地区（对比），在地面、在空中，乘车、走路，给我自己、我的同事，

图2-1　拉萨与北京的经皮动脉血氧饱和度测量结果对比

援藏干部和藏族同胞测量，我发现，无论男女老幼、藏族汉族，无论援藏的、在藏的，人在高原缺氧情况普遍存在。

例一，2014年3月4日驻村期间，我为比如县达勒村教学点26名学龄前儿童和教师测量了脉搏和经皮动脉血氧饱和度，并填表记录。他们全部是藏族，测量结果经皮动脉血氧饱和度平均为87.4%，处于缺氧状态。没有一名孩子初测时经皮动脉血氧饱和度达标到95%及以上，这名38岁的男性老师也同样。10名孩子的经皮动脉血氧饱和度≥90%，占1/3；绝大多数低于90%；个别的甚至低到77%。其次，孩子们的脉搏普遍过快。一般快可以理解，因为孩子们年龄小，但过快说明生理反应大。有超过一半，14名孩子的脉搏≥100次/分，个别的甚至130次/分以上。

表2-1 达勒村26名学龄前儿童和教师的经皮动脉血氧饱和度情况

序号	性别	年龄	经皮动脉血氧饱合度 SpO_2（%）	脉搏P（次/分）
1	女	7	94	121
2	女	8	82	100
3	女	7	87	98
4	女	7	89	102
5	女	7	94	84
6	男	9	90	100
7	女	7	85	98
8	男	9	93	100
			81	117
9	女	7	86	120
			97	133
10	女	8	85	95

续表

序号	性别	年龄	经皮动脉血氧饱合度 SpO_2（%）	脉搏 P（次／分）
11	男	8	77	88
			85	96
12	男	7	84	108
13	女	6	82	97
14	女	7	87	102
15	女	5	90	93
16	男	8	86	92
17	女	6	94	114
18	女	6	86	87
19	女	7	85	128
20	男	7	84	99
21	男	6	87	97
22	男	8	88	104
23	男	6	93	115
24	男	9	81	89
			95	96
25	男	8	93	112
26	女	7	82	102
平均值		7.2	87.4	102.9
27	男	38	93	81
			84	80

此前从未有人给这些孩子们测过经皮动脉血氧饱和度，这次测量完全是随机的、客观真实的。我当时也没有意识到检测结果今天能用在此处，只是关心孩子们的健康。我打电话咨询在拉萨的国家卫生计生委援友，87.4%

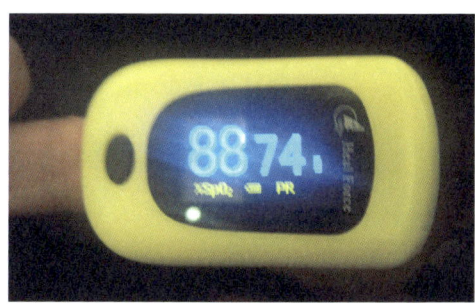 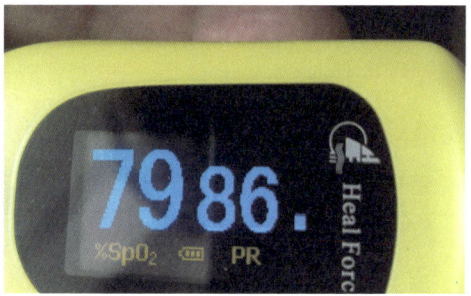

图 2-2　自治区某厅和某局领导的经皮动脉血氧饱和度

的经皮动脉血氧饱和度究竟低不低？援友回复"经咨询自治区人民医院的医生，医生说人在那曲的血氧饱和度一般就是85%～90%"，没有回答"究竟低不低"。

例二，2015年3月7日上午，在西藏人民会堂列席会议间歇时，临座的两位领导用我的脉搏血氧饱和度检测仪测量经皮动脉血氧饱和度。

左为自治区某厅领导，女，汉族，测量结果为88/74（经皮动脉血氧饱和度%/脉搏）；右为自治区某局领导，男，藏族，测量结果为79/86。从初测结果看，并不是藏族同胞更耐缺氧，藏族男同胞的经皮动脉血氧饱和度反而低于汉族女同胞9个百分点。两位领导测前对自己的经皮动脉血氧饱和度高低心里都没底，平时很少测，这次也是完全随机的。

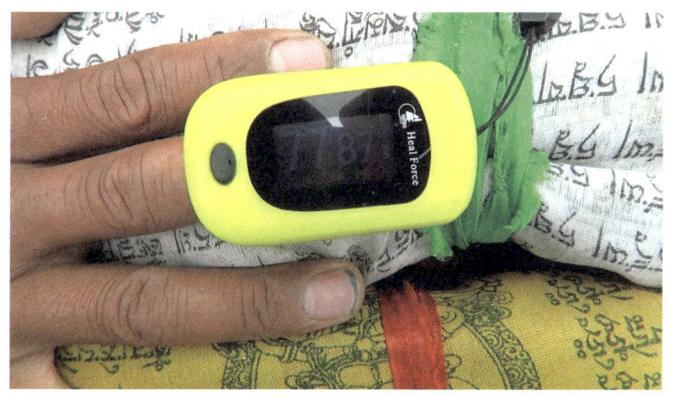

图 2-3　经幡商人的经皮动脉血氧饱和度

例三，2016年9月初某日，在海拔5100米的停车场，我随机为一位男性藏族同胞测量。他是卖经幡的，脸黝黑，嘴唇紫绀严重，凭长相很难判断年龄是30岁还是50岁。他对血氧饱和度全无概念，对脉搏血氧饱和度检测仪完全陌生。他的经皮动脉血氧饱和度为77%～80%。

这样的例子不胜枚举！只要带着脉搏血氧饱和度检测仪在西藏走基层，随时可以测得。

这些实例证明，人在高原缺氧只与人类物种有关，与其他非生理性因素无关。人类无论谁吸不饱氧，满足不了生理需要，谁就会发生生理性缺氧！

传说藏族比汉族更耐缺氧是歪理邪说！传说出生在西藏的汉族人，抗缺氧能力比父辈强是以讹传讹！网上有篇文章说"居住在海拔4000米的藏族人，呼吸着比海平面含氧量少40%的稀薄空气，却几乎没有任何高原反应。"这纯属主观臆想，估计作者没有在高原生活过，没有体验过高原生命的艰辛，写得那么轻松，没有高原反应还要加上"任何"二字！要知道，上万年来，数代高原人在用生理的抗争、生命的坚韧、短寿的代价，顽强地在这片家园生存着，普遍睡眠质量不好，血液中红细胞偏高，脸腮红丝明显，心血管等疾病多发，儿童先心病发病率高于平原数倍，寿命较短。在这样的事实面前说他们"几乎没有任何高原反应"有何证据？上述现象不是反应？睡不好不是反应？寿命短不是反应吗？没感觉就是没反应吗？

著名民族史学家任乃强先生说："我们平原绝大部分地方，平均海拔皆在600米以下，一般的大山，如泰山、嵩山，最高处也才1000多米。特殊的高山，如峨嵋、太白，也不过3000多米。西藏和康青这个大高原，绝大多数却是海拔4000米以上的草原；随便一条山脉都高出5000米以上，低于3000米的河谷，便是悬崖绝壁的峡江，几乎没有通路。在这样高的大高原上，不只是气候寒冷、供应给养困难的问题，更有空气稀薄的威胁，一定容积的空气内，含氧气比平原少，因而与平原人的肺活量不相适应。""清雍正、乾隆时入藏部队、清末赵尔丰的边军、中华人民共和国成立前陈遐龄和刘文辉等驻边部队,绝大多数不是死于战斗而是死于"晕山"的。所谓"晕山",就是因为负重的人不懂海拔高空气稀薄了的道理,仍像在平原一样奋力爬坡,到了体内热能已尽时,不知不觉,未感痛苦就倒地死去了。"

1954年川藏公路北线修通。全长2412千米。以十八军为主的11万军民,从1950年4月开工到1954年12月,历时近5年,从东到西翻越二郎山、雀儿山等10多座险峻大山,跨越大渡江、金沙江、澜沧江、怒江等10

图2-4 川藏公路 图片作者:王晓晨

余条大江大河,穿过数10个原始森林,涉过数百千米草原、戈壁、沼泽,用手上仅有的钢钎、锤子、錾子、十字镐等堪称原始的装备凿山开路,2000多军民为此付出了生命,平均1.2千米牺牲1条生命,换来了这条史诗级的天路。

2006年7月1日青藏铁路全线通车。其中新建的格尔木至拉萨段全长1142千米。由吴天一院士担任高原医学顾问,在沿线建起23个供氧站、25个高压舱站,为海拔4900多米的风火山隧道施工现场输送氧气,降低掌子面的施工海拔高度。同时,隧道内还建有氧吧,工人休息时在氧吧内充分吸氧,缓解"高反"。《中国青年报》报道:14万筑路大军无一人因急性高山病死亡,创造了高原医学史上的奇迹。青藏铁路网详细记录了本次建设中,医疗团队"累计接诊45.3万多人次,治疗脑水肿427例,肺水肿841例"。

图2-5 施工中的风火山隧道

简单计算可知,人均就诊3.24次,水肿病例占9‰,每2.67千米就有1名脑水肿人员。

"每2.67千米就有1名脑水肿人员"与"平均2.5千米就有一名倒下的军人"数据十分相近,在医疗水平低的时候,高原反应到了脑水肿的程度,基本是听天由命。这说明"高反"致病的严重程度与年代关系不大,与海拔高度紧密相关。14万筑路大军无一人因急性高山病死亡,是因为现代医疗保障有力、救命手段科学。

图2-6 风火山隧道　图片作者：王觅汀

注：风火山隧道全长1338米，轨面海拔4905米，比秘鲁铁路的海拔最高点（4817米）高出88米，是世界海拔最高的隧道。

图2-7 青藏铁路左冒西孔曲2号桥　图片作者：王觅汀

注：青藏铁路左冒西孔曲2号桥，位于风火山隧道入口前，是世界海拔最高的铁路大桥。

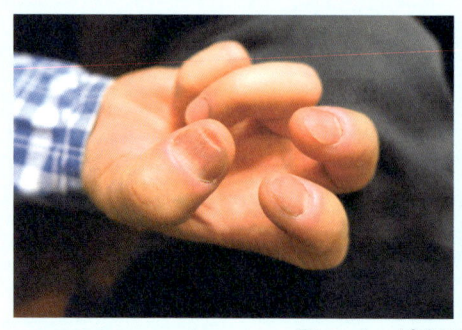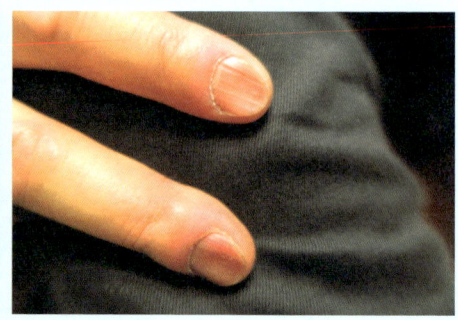

图 2-8 缺氧造成的指甲凹陷

注：2016年，阿里地区某省援藏干部领队的指甲凹陷，与当年修青藏公路的战士指甲凹陷是一样的，是长期的动脉氧分压下降，末梢组织血液循环缺氧，引起营养代谢障碍所致。

1. 经皮动脉血氧饱和度最低的一次

2015年夏天，在拉萨，我接待一位从平原地区来到西藏旅游的中年女士。她个子不高，体形较瘦，在本单位援藏干部的陪同下，徒步沿楼梯走上酒店二层，准备一起餐叙。我发现她嘴唇紫绀严重，疲态明显，问她感觉如何？她说：还好，就是有点头晕。我立即给她测经皮动脉血氧饱和度，只几秒钟后，脉搏血氧饱和度检测仪"嘟嘟"地报警，我一看结果吓了一跳，经皮动脉血氧饱和度竟然低到了56%！这是我援藏期间见过的最低的经皮动脉血氧饱和度值。

人在正常情况下动脉血氧饱和度为98%左右、静脉血氧饱和度为75%左右，而此时她的经皮动脉血氧饱和度比正常人的静脉血氧饱和度还低近20个百分点，极不正常了。按照经验值计算，此时她的生理海拔几乎上万米了！处于"高反"急性期，血液缺氧非常严重，对大脑和心脏都极为有害。与此同时她的脉搏超过110次／分，这样快的心率也是缺氧的反应：心脏加速跳动，输送更多的血液，大脑灵敏地判断出血液缺氧，持续发送加强供氧的信号，心脏加倍努力工作，输送更多的血液，恶性循环！

不采取措施这样低下去可能会出危险！我立刻建议她放弃就餐，她同意了。安排她到旁边的客房吸氧，她同意了。躺了近1个小时，我们其他人吃完饭，送她回宾馆，要求她继续静卧彻夜吸氧，不要出去活动，她照做了。"同意"和"照做"助她当日平安，也为后续几天平安奠定了基础。次日她到达林芝，来电话说感觉好多了。毕竟林芝比拉萨低 700~800 米。我问她现在经皮动脉血氧饱和度多少？她报不出来，陪同她的援藏干部也没带血氧饱和度检测设备。

我建议每位援藏干部，甚至在藏干部，都应该随身携带脉搏血氧饱和度检测仪。应当像煤矿下井携带瓦斯（甲烷）检测仪、进放射性矿山携带辐射检测仪一样，由组织部门强制要求，派出单位配发。

2. 最危险的一次

2016 年夏天，在拉萨郊区甲玛沟华泰龙铜矿，中国黄金集团总部的一位瘦小伙第 5 次来这里。甲玛沟沟底海拔比拉萨高 1000 多米，铜矿最高出矿点海拔超过 5000 米，著名的中央企业"5300 党支部"在此。按理说瘦小伙已经经受过不止一次的"高反"检验，不应该出事了，但意外还是发生了。这天下午，越野车行驶了近 2 小时后到达华泰龙铜矿视察点，他下了车，关上车门，刚向前走了几步，突然失去知觉，一头栽倒在地。身边的同事看见他栽倒，下意识地伸脚一垫，头重重砸在脚面上，没有造成他头破血流。满地的砾石，头如果直接磕上去，头破血流不说，如果碰到太阳穴，后果难料。瘦小伙立即被就地灌输氧气，长达几分钟后苏醒，之后由一辆专车提前送回拉萨。这件事提醒我们，"高反"的发生与身体胖瘦、体质强弱、第几次入藏无关，而与旅途劳累程度、休息好坏、动作快慢耗氧多少有关。任何人都不应大意，不能以为曾经到过西藏就自恃厉害了。每次都得重新算！就此例来说，坐姿时间较长，下车后应当手扶车门多站一会儿，让血脉流通后再行走，否则容易发生类似蹲姿时间较长，突然站立起来，大脑供血不足的情况。

3. 不听劝吃大亏

2015年10月，我的一个大学学妹第1次到拉萨出差，她在校时是长跑队的，若干项校纪录保持者，自恃身体底子好，下了飞机后看到蓝天白云感觉不错，脚下试着走两步也没事，就"凭感觉"行事，既忘了自己是上了些年纪的"60后"，也把我之前的所有提醒抛在脑后，该吃吃，该喝喝，享受完西藏人民的热情，紧接着"享受""高反"的无情。我下午去看她时，她一个人在宾馆房间里躺着，说刚吐完，吃的什么都没留下。她手冰凉，额头出虚汗，眼睑浮肿，很难受的样子。一测经皮动脉血氧饱和度竟低到了69%，她没有采取任何防护措施，也不知道该怎么办！身边既没有氧气罐也没有制氧机，也没留接待单位陪同人员。实际上她正处在"高反"急性期，这样下去非常危险。我即刻请拉萨氧知元公司的贝总救援，恰好他公司的车辆在附近，接到电话后10分钟不到就送来了一台制氧机，我开动制氧机只几分钟就帮她恢复经皮动脉血氧饱和度到96%，人立刻见好。最后我把脉搏血氧饱和度检测仪留给学妹，提着心走了。经过一夜的调整，学妹"高反"得到缓解，完成了生理爬坡。第2天继续好转，第3天完全好了。离开西藏前她打给我电话报告身体情况，我又听到了那个积极乐观爱开玩笑的"假小子"的声音了。后来我回到北京出差，被她拉去参加她高中同学聚会，她向大家介绍我：这就是在西藏救我命的师哥。

许多时候说起来"里子"重要，可真做起来，面子比"里子"重要得多。本案中，享受西藏人民的热情是面子，保护身体健康是里子，学妹忘了"里子"，光想着"面子"，结果"里子""面子"差点全享受不到了。尽管有了这次教训，但我仍不敢保证，再碰到"面子""里子"相矛盾时，是不是每个人都能处理好？

靠数据说话！ 去过西藏多次自认为"没事""没高反""不高反"，或者比较"适应高原"的人员请注意：如果你有类似下图的监控自己睡眠期间

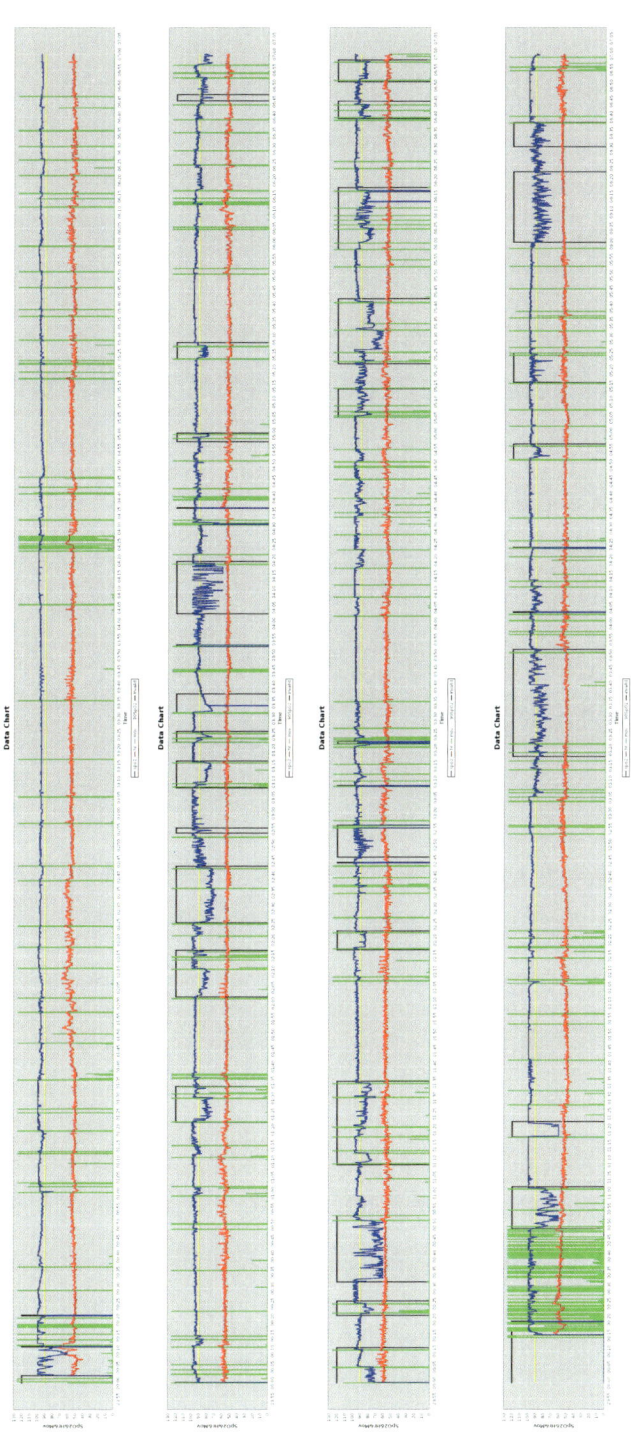

图 2-9 辅助吸氧时每秒经皮动脉血氧饱和度值

注：蓝线是经皮动脉血氧饱和度，红线是脉搏，黄线是 90 线（蓝线低于 90 即缺氧）。可以看到，第 1 张，蓝线高，红线低，两线平直，蓝线波动大，常低于 90，红线时有起伏，表示有时缺氧，脉搏跟着不稳定，说明睡眠质量差。原因很可能是吸氧管从鼻子里掉出来了，或者是打呼噜把自己憋住了。

的经皮动脉血氧饱和度血氧饱和度数据，整晚保持≥95%，证明你没有"高反"，否则就是有！反应的强弱可从起伏的数据中看出。我们不应当把反应和感觉混淆：有感觉一定有反应，但有反应不一定有感觉。

人在高原缺氧的原因

误区所致！误区，较长时间形成的某种错误认识或错误做法。

现在的西藏与中华人民共和国成立之初相比，特别是从1994年实行对口支援政策以来，已经改天换地，人民群众的衣食住行条件、柴米油盐供应和医疗保障水平得到了极大改善。两种防止人在空气稀薄空间缺氧的技术"平氧增压"和"平压富氧"，分别在民航系统和青藏铁路长期应用、反复验证。个体解决方面，西藏各地氧气生产、供氧装备、吸氧消耗品供应总体上方便，脉搏血氧饱和度检测仪购买方便，深度腹式呼吸简单易学，可时至今日缺氧现象普遍存在，主要是各种误区所致，包括：

1. 伤害缓慢不重视

人们对于急性伤害非常重视，对缓慢的、隐性的、长期的损伤不重视。除了防火、防坠落、防交通事故、防食物中毒等显而易见的预防外，各国还制订了各种防溺水措施、防煤气中毒措施、防窒息警示，如在果冻类食物或一些可入口的玩具、一些较大规格的包装塑料袋上印刷相关提示，避免儿童服用不当或玩耍不当导致窒息，警示已经到了相当周到细致的程度。但是，对于人在高原缺氧防范措施，却缺乏研究和制订。即使已经有航空公司60多年采用加压机舱（最早可追溯至1938年的波音307平流层飞机，一般以1958年波音707交付为标志）和青藏铁路最近12年增氧的示范，分别以这两种不同方式解决了人处在空气相对稀薄空间的缺氧问题，遗憾的是并没有被借鉴到西藏、推广到民用领域。入藏各航空公司和青藏铁路公司，铁路警察各管一段，当存在承运人与乘客关系时，乘运人在飞机机舱内升压、在火车车厢里供氧，保证乘客不缺氧。但出了舱门、下了火车，乘运关系和契约解除，乘运人就不管了，而且入藏人员的供氧问题再没人管了，进入其他公共区域，连注意防止缺氧伤害的提示都看不到。

2. 因为人口少被忽视

青藏高原地广人稀，人口较少。截至 2016 年底，西藏自治区常住人口约 330 万，青海省约 598 万，加上援藏、援青干部分别几千人，即使包括边防驻军和流动人口，相比平原地区也是人口极少的，人的缺氧问题带有区域性、局部性，因此受到忽视。例如对于高原人民来说，血氧饱和度是最重要的生理指标，但却远远不如血压、血糖、血脂受到重视。许多"老西藏"不认识、许多援藏干部还不熟悉脉搏血氧饱和度检测仪。每年进出青藏的人次虽然超过千万，但真正掌握科学的防止人在高原缺氧知识和技能的是极少数。入藏人员多数是短期滞留，基本上都带着要经受"高反"折磨的心理准备，第 1 次入藏就出生命危险的的确是极少数。因此，长期以来防止人在高原缺氧这件事，从顶层安排上就不被重视，多数人采取听之任之的态度。时至今日条件大为改善，大多数高原人，甚至包括相当一部分援藏干部的生活中仍然没有防缺氧的安排，不得不说是主观忽视的结果。可以推测，如果没有修建和运营青藏铁路格－拉段的成功经验，弥漫式供氧在西藏航空公司、拉萨饭店等也许还会推后多年采用。

3. 文明交流互鉴少

人类在西藏生存的历史，根据中科院考古所 2018 年对尼阿底（Nwya Devu）遗址考古最新发现，人类祖先在 3 万到 4 万年前首次踏上青藏高原内陆。人数一直较少，而且高度分散，以牦牛放养、青稞种植为生，曾经由于交通发展所限，藏族同胞与西藏这块地域之外的交往极不方便。合理地推测,当初高原人的祖先迁徙至此并非有意离开平原"富氧"地区,古代人不可能了解高原空气稀薄导致人体缺氧这么现代的知识,因为高原物理学、生理学,以及氧气概念近几百年内才出现,应当是躲避瘟疫、战乱或追逐水草等原因而来。高原人民的生存和生活经验无论自身总结或与外界交流都十分有限,平原人民好的养生调息方法没有大量传进高原,高原人自己的一些做法也缺乏追踪研究和归纳总结,如打阿嘎时集体唱歌,放牧时单独引吭等,对缓解身体缺氧有所帮助。可是,没有听说过西藏有什么古法应对缺氧的,

图 2-10　打阿嘎　图片作者:蒋盖

第二章 生存——西藏是检验身体的地方

甚至没有应对缺氧的概念。直到2001年6月至2006年7月修建青藏铁路格-拉段期间,以及青藏铁路开通后至今12年多的载客运营期间,大规模成建制解决人在高原"缺氧"的举措才出现。"在海拔4700米以上地区首次研制出每小时生产24立方米氧气的高原制氧设备,实现了海拔4905米的风火山隧道掌子面弥漫供氧,隧道内空气含氧量相当于降低海拔1200米,有效改善了作业环境。这一成果得到广泛采用,在全线设置17个大型制氧站,使过去用于急救的氧气成为参建人员的劳保用品,提高了施工队伍的生产效率。"(引自《青藏铁路建设的基本经验》)

4. 以不变应对万变

以不变应万变原是一种褒义的处突方法,指内行老手,不盲动做错误选择,以静制动,伺机而动,最终取得事半功倍效果。但是,在应对高原空气稀薄方面反倒成了贬义,"以不变"成了不会变,"应万变"成了不应变。

<u>关于藏族同胞</u> 越高海拔的居民生存质量越差、寿命越短。浪卡子县普玛江塘乡海拔5373米,有900多名居民,人均寿命只有49.5岁,远远低于西藏人均寿命,更不用和全国人均寿命比较了。2009年国家规定的"60岁养老保险"多年来一直无人领取,2016年经上级批准年龄放宽到50岁后,

图 2-11 普玛江塘乡

图2-12 詹娘舍边防哨　图片作者：罗凯

注：詹娘舍海拔高度为4655米，被战士们称为"云中哨所"，"詹娘舍"藏语意思为"雪山孤岛"。

2017年全乡才有77人领取。那曲北部双湖县县城海拔近5000米，那曲西部的班戈、尼玛、聂荣、申扎，包括临近的阿里措勤，海拔在4700～4800米，这些高海拔县常住居民在1.3万～4.1万人，每个县还有2名中央企业派来的援藏干部。但由于海拔到达了"不长树"（树木无法生长，只长草）的高度，生命营"氧"不良，对人体的生理伤害日积月累、从量变到质变，人群健康状态普遍较差，衰老快于平原地区的人。

关于援藏干部　援藏干部是为了弥补团队短板而引进的专业人才，是援助西藏当地群众所需的人力资源。让当地群众吸饱氧、睡好觉、身体健康有保障、生活质量提高、预期寿命延长，这是最亟待解决的民生问题。令人惋惜的是不少援藏干部带着伤病回到平原，有的因患上器质性病变身体变差，无法正常工作，生活质量下降。

关于在藏干部 在藏干部有的出生就在西藏，有的是小时候随父母到西藏，还有的自己毕业后分配来到西藏，在藏生活十几或几十年，他们有着丰富的缺氧经历，脸腮上红血丝明显，毛细血管充分发育，但防缺氧对他们而言是新生事物。当提到缺氧这个话题时，他们会描述自己的经历，说头痛部位，是前头还是后头、头顶还是太阳穴；头痛种类，是头痛欲裂式还是整体发蒙型、半圈发蒙型；一个小感冒持续了多长时间才好，引发的肺水肿"吊水"多长时间方才镇压下去的。我委里的一名同事讲述他被派到山南地区某高海拔县驻村的故事，连续6天未合眼，使尽浑身解数，也无济于事，达到了近乎"谵妄"的地步，最终不得不下撤到拉萨才得以渡过险关，那种感觉，那种煎熬，终生难忘！这些我一开始听不懂，因为没有切身感受过。后来驻了村有了体会就明白了，那是真实的描述、无奈的表白！可悲之处在于浮在问题表面说现象，没有分析现象背后的原因、深究"高反"的生理本质和尝试解决人缺氧问题。

防缺氧，没人提醒，他们自己也没意识到，把生命交给身体，任身体听命于高原，这么做是不正确的、有问题的。

2014年下半年接续我驻村半年的我委一位在藏干部，汉族，藏二代，工作能力较强，话不多但承担的工作较多。肺部有老毛病，有时累得病倒。我以为驻村是个休整机会，遂将我驻村时不缺氧的经验教给他，并坚持硬给他塞了一大罐氧气带到村里，希望他借鉴我的经验让自己不缺氧、少缺氧，调养一段身体。过了1个月他回委办事时，我看到他把空的氧气瓶卸下车不再更新了，这一瓶仅够吸8～10天，驻村还要5个月啊！对缺氧防范如此被动，我很无奈。

援藏干部如果人人掌握了科学应对缺氧方法，不仅保障自身安全，而且还能作为宣传队、播种机，团结在藏干部一起向西藏广大人民群众推广预防缺氧的知识和方法，从共同忍受"缺氧"，上升到对生命本质的援助上。如果那样，整个援藏工作、西藏的工作局面就会大不一样，"苦熬"现象就会大大减少，积极、生动、活泼的创举就会层出不穷。

5. 凭感觉判断缺氧

什么是"凭感觉"？当你问对方缺氧吗？只要回答是："我觉得……"不用听下文，这就是凭感觉！因为他没有血氧饱和度测量数据出示。这如同医生问家长，孩子发烧吗？家长回答"我觉得烧"或"我觉得不烧"是不合格的回答一样，医生要的是体温数据。

对缺氧"凭感觉"是想当然地照搬其他生活经验，以为同冷、热、饥、渴一样，能够感觉出来；以为没有"缺氧感觉"就是不缺氧，如同不感到冷就是不冷；更以为像穿、脱、吃、喝立即消灭冷、热、饥、渴一样，没了感觉身体就正常了。事实上，缺氧不是感觉指标而是测量指标，是否缺氧要凭测量。"感觉缺氧"好比用尺子测体重，用磅秤量身高，用错了地方。

人一旦缺氧血液颜色会瞬间发暗、下嘴唇发绀，脉搏血氧饱和度检测仪只要10秒钟就能检测出严重程度。根据严重程度从低到高、从易到繁采取：加强呼吸、辅助吸氧、躺微压氧舱、进高压氧舱，这些措施在高原都不难做到。可是"凭感觉"感觉到头疼、恶心或失眠，不仅需要等几小时、半天或者一天，时间长短因人而异，而且等到的不是"反应"而是"损伤"，是身体的组织、器官受伤后发出的"抗议"，感觉到了已经晚了，损伤已经陆续发生。如头疼多数是大脑供氧不足脑皮质受损伤，恶心可能是肠胃缺氧影响消化吸收功能、肠黏膜屏障功能不正常，发生轻微肠麻痹。

对缺氧"凭感觉"是用缺氧手段筛查身体"短板"，看看哪个部位、哪个器官经不起缺氧。可是你给自己开这样的体检单初衷是什么？筛查出短板器官有什么意义？体检报告交给谁？今后有用吗？来援藏、出差办事或者旅游，为什么要进行缺氧体检呢？

本可以在第1分钟发现"反应"，为什么非要等到缺氧伤害到器官、组织或神经，感到晕、疼、憋之后再去相信"感觉"，上演"本人版"郑人买履的故事?"已得履",即经皮动脉血氧饱和度从登机时的99%跌到飞机降落时的89%,或者办完住宿手续时的79%,下跌10~20个百分点不算数,非要以"感觉"为"度",有头疼、恶心或失眠的"感觉"才算数?"宁信度,无自信也"?"夫病已成而后药之,乱已成而后治之,譬犹渴而穿井,斗而铸锥,不亦晚乎?"(引自《黄帝内经·素问》)

为了说明"凭感觉"极易坠入缺氧的误区,我举个例子,这个例子将延伸到读者朋友您。即使您不是援藏干部、从未去过西藏,仍可能存在缺氧误区,您相信不相信?当然,您必须对乘坐民航飞机不陌生。乘坐民航飞机就是上小高原,机舱外的海拔高度在8000~12000米,座舱海拔一般比昆明1891米高,有时比西宁2261米高,但按规定要低于2400米。飞行过程中您会处于供氧不足或缺氧状态,但您不知道,因为您很可能不在也从未在飞机上测量过自己的经皮动脉血氧饱和度。也由于短时、轻微的供氧不足或缺氧,对人类身体没有什么严重后果,因而乘坐飞机多年、多次,浑然不知。

我将一次乘机测量结果展示如下,随着座舱海拔"低-高-低"变化,人的经皮动脉血氧饱和度呈"高-低-高"变化,规律明显。类似的测量援藏期间我也进行过多次,规律相同。

2017年12月某日,我乘坐波音777-300ER,从广州到北京,飞行时间3小时。舱内的飞行信息显示飞机的巡航高度为11308米,我用自带的海拔仪测得座舱海拔2200米,海拔仪我登机前在白云机场跑道上进行了标定。图中蓝线代表座舱海拔,红线是人的经皮动脉血氧饱和度。总记数37次,经皮动脉血氧饱和度平均94.75%,刚刚进入"供氧不足(轻度缺氧)"区间。其中巡航期间记数16次,经皮动脉血氧饱和度平均92.8%,处于"供氧不足"区间。乘机过程中,我做深度腹式呼吸后经皮动脉血氧饱和度为97%~98%,记数4次(涂黄)。邻座中年女乘客好奇,测量1次,记数1次(框红)。

图 2-13 乘机过程中经皮动脉血氧饱和度的变化

图 2-14 经皮动脉血氧饱和度随舱内海拔变化

表 2-2 乘机过程中经皮动脉血氧饱和度的变化

舱外海拔（米）									10261				
舱内海拔（米）	150	150	720	1300	1400	1500	1500	1500	1900	1900	2150	2150	2150
经皮动脉血氧饱和度（%）	98	—	96	96	96	95	95	94	94	95	93	95	94
脉搏（次/分）	77	67	62	65	65	72	64	65	70	65	71	64	63

舱外海拔（米）			11308									
舱内海拔（米）	2150	2150	2200	2200	2200	2200	2200	2200	2200	2200	2200	2200
经皮动脉血氧饱和度（%）	95	93	91	93	92	93	91	90	91	98	97	97
脉搏（次/分）	63	64	68	65	72	74	69	69	68	81	77	70
										腹式呼吸		

舱外海拔（米）						6888		5709				
舱内海拔（米）	2200	2200	2200	1650	1500	1400	1280	1220	1150	300	200	190
经皮动脉血氧饱和度（%）	97	90	91	95	96	96	97	98	97	98	98	98
脉搏（次/分）	71	67	96	74	73	74	70	72	72	78	73	73
			外人									

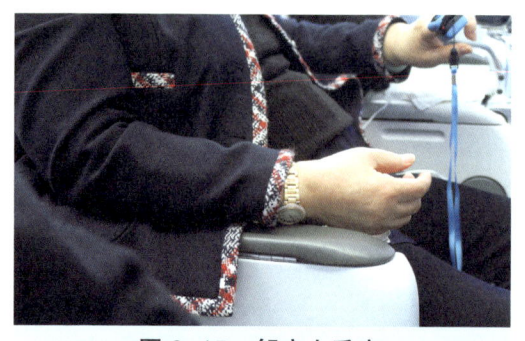

图 2-15　邻座女乘客

注：乘机时邻座女乘客未深度腹式呼吸时的经皮动脉血氧饱和度为 91%

为什么在飞机上还会缺氧（经皮动脉血氧饱和度低于90%）呢？因为飞机要降落高高原机场，即海拔高度在2438米（8000英尺）及以上的机场。根据《中华人民共和国飞行基本规则》第86、第87条规定：航空器，进入降落机场区域，应当将机场场面气压的数值调整到航空器上气压高度表的固定指标。意思是进入降落机场区域时，航空器的座舱海拔与场面海拔必须一致。这很容易理解，一是不能让飞行器在加压状态下着陆，加压降落很危险；二是着陆后只有机舱内外等压，舱门才能安全打开。一般是在降落前40分钟左右开始，机长按照操作规程执行调压操作，使机舱内气压逐渐达到与目的地机场场面气压一致。

请注意！上例中，我乘坐的航班降落首都国际机场场面海拔仅有35米，机舱内调压操作开始后，舱内气压随外部大气压升高而升高，对飞机无害。座舱海拔从2200米逐渐降低到35米，对人的身体无害。而降落高高原机场时，座舱海拔高度是逐渐升高的，从巡航的2200米要反向升高到场面海拔，例如贡嘎机场的3577米，这样对飞机无害，但对人的身体却有缺氧的害处。从广播提示"还有30分钟降落，请收起小桌板，打开遮光板"时开始，机舱环境提前进入与目的地等高的海拔高度，乘客的经皮动脉血氧饱和度一般会再度降低4个百分点，从92%降至88%，进入"缺氧"状态。可是这时多数乘客同样不测经皮动脉血氧饱和度，不知道这回事。他们的注意力已经被舷窗外连绵的雪山和美丽的雅鲁藏布江吸引，顾不上头晕加重了。

初次入藏没经验的，忙着从飞机舷窗向外张望，沉浸在观天望山看大江的兴奋中，被西藏独特的地形地貌吸引住了。有一次一位女乘客坐在前排舷

图 2-16 乘机时的经皮动脉血氧饱和度

注：2015 年 1 月 26 日，我乘机时经皮动脉血氧饱和度为 90%～91%。

窗旁脱口而出："你说，这山是假的吗？"像自言自语，又像问后排的女伴。后排的女伴也靠窗座，鼻子早就压瘪在舷窗玻璃上了，没回话。舷窗外，随着飞机两度倾斜转向，几座棱角分明的秃山，在透亮的蓝天白云衬托下，象油画般鲜艳、清晰，如沙盘模型一样真实、可触，被蜿蜒曲折的拉萨河和雅鲁藏布江缠绕着，静卧在"世界第三级"。来自平原地区的乘客，尤其受到过雾霾困扰的，到了净土西藏往往产生到了仙境的错觉。

多次入藏有经验的，登机前尽量选定座位在最后一排靠窗，把握航拍的机会。

不管今后航空公司提示与否，作为援友我在此提醒各位援藏干部：只要乘坐飞机，就可能"供氧不足"，这与去不去西藏无关，如果入藏，你的身体将先于脚步入藏，降落前半小时可能"缺氧"，如果是降落昌都邦达机场、阿里昆莎机场、日喀则和平机场，落地前极可能"缺氧"。因为邦达机场海拔 4364 米，世界第二高海拔民用机场，比拉萨贡嘎机场还高 787 米。另外两座机场的海拔高度也高于贡嘎机场，缺氧的可能性很大，要心中有数。

与世界屋脊连在一起的国家高高原机场最多。目前全世界高高原机场约 42 座，占机场总数量（约 4.45 万座）的 1‰不到，分布在中国、尼泊尔、秘鲁、玻利维亚、厄瓜多尔等国，我国有 16 座，占比高达 38%。它们是：

1．那曲机场，海拔 4436 米；

2．稻城亚丁机场，海拔 4411 米；

图 2-17　拉萨贡嘎机场　图片作者：李娜

注：拉萨贡嘎机场，海拔 3577 米，实际位于西藏山南境内。

图 2-18　雅鲁藏布光芒　图片作者：谢颖

注：一位未曾谋面的福建援友的作品，他参加了在北京民族文化宫举办的"喜迎党的十九大·第十届西藏珠穆朗玛摄影展"并获奖，这幅作品是他在返回林芝的航班落地前抓拍的。用他的话说：三年等一回！

3. 昌都邦达机场，海拔 4364 米；

4. 阿里昆莎机场，海拔 4267 米；

5. 康定机场，海拔 4250 米；

6. 甘孜格萨尔机场，海拔 4061 米；

7. 玉树巴塘机场，海拔 3927 米；

8. 日喀则和平机场，海拔 3804 米；

9. 拉萨贡嘎国际机场，海拔 3577 米；

10. 阿坝红原机场，海拔 3535 米；

11. 九寨黄龙机场，海拔 3484 米；

12. 宁蒗泸沽湖机场，海拔 3293 米；

13. 迪庆香格里拉机场，海拔 3281 米；

14. 林芝机场，海拔 2949 米；

15. 格尔木机场，海拔 2842 米；

16. 神农架机场，海拔 2580 米。

即使这样，现在人们乘机出行还是幸福的，在快速抵达目的地的同时，多数情况下可能供氧不足但不至于缺氧。而飞机制造技术进步以前，乘机是危险工作。

1959 年北京电影制片厂曾拍摄过一部影片《飞越天险》，讲述 20 世纪 50 年代中国人民解放军空军奉命打通康藏航线，把北京和拉萨连接起来的故事。那时的乘客要经受缺氧的考验，甚至有牺牲生命的危险。飞机是美国道格拉斯 DC-3 型，不增压，不保暖，驾驶舱是推拉窗，飞行中人要吸氧、穿棉服、套毛靴。当经过千辛万苦终于完成打通航线、成功地为地面同步行进的气象组空投救援物资后，飞机尚处在海拔 6500 米的高度，这时氧气不足了，不够返航。面临生死的紧要关头，同志们表现出对祖国的无限忠诚和高度的阶级友爱精神，纷纷摘掉氧气面罩，把所剩的氧气留给主驾驶赵忠凯（于洋饰）一人。机舱内的 4 名同志先后昏迷了，过了一会儿赵忠凯也昏迷了，飞机急

图2-19 电影《飞越天险》海报

速俯冲,冲向地面。就在将要撞向地面的危急关头,赵忠凯苏醒了,他控制住了飞机。最终同志们都战胜了死亡,胜利归来。气象组在康藏高原建起了气象站,英勇的飞行员在"空中禁区"开辟了新航线。"神鸟"飞过布达拉宫,群众欢庆。

6. 听说"吸氧有依赖"

许多援藏干部在西藏靠"听说"左右自己的行为。听说高原缺氧,不假思索地相信,默认自己缺氧是因为高原缺氧,无法改变,不做任何防护,听之任之。流传最广的是"吸氧有依赖",许多援藏干部也都相信了,个别人甚至知道自己"高反"严重也坚持不吸氧,怕有依赖。第七批一位援藏干部因病住院了,我发微信慰问并提醒吸氧,他回复我:"李主任,为了援藏后能回到平原生活,除了在医院外,我坚持不吸氧。"这段话让我思考了好久,其中的思维逻辑一直没想明白。

"吸氧有依赖"是伪命题!经不起推敲。空气是人类赖以生存的三种基础物质之一,人必须依赖呼进体内的氧气,与吃进体内的糖类、脂肪和蛋白质发生生理理化反应释放能量维持生命,这是再正常不过的事情,如同鱼儿离不开水。把人对呼吸空气(因而吸氧)的正常生理依赖,贬意描述为或想象为对植物、药物或某种不良习惯的病态依赖,把一个生理事实,讹传为是一种错误行为本身就是错误的。犯这种错误没有任何意义,不值得尝试。在

第二章 | 生存——西藏是检验身体的地方

地球上，对氧气不依赖的人类不存在。相信这个伪命题的人，或者是为不习惯吸氧找借口，或者是为没条件吸氧找安慰，多数是对缺氧这件事没搞明白，稀里糊涂地人云亦云，当了牺牲品。

相信"吸氧有依赖"的人会说，我们不是说对呼吸空气里的氧有依赖，而是怕吸纯氧有依赖，我们怕在高原只要吸了纯氧就离不开了，一旦没有纯氧吸时岂不很糟糕。

实际上根本不是这么回事！

人在高原吸医用纯氧，必须掺入6倍左右体积量的稀薄空气，吸入的是混和气体。除非你使用密封性能极好的飞机驾驶员呼吸面罩吸纯氧，或者把自己封闭在氧舱里做"氧中毒"试验，否则你无法阻挡稀薄空气同时被吸入。以拉萨为例，按照我推荐的将经皮动脉血氧饱和度控制在95%~96%，维持"不缺氧"的低限，纯氧的流量很小，大约1.4升/分。小于此流量，经皮动脉血氧饱和度达不到95%，没达到吸氧效果。大于此流量，经皮动脉血氧饱和度超过96%，相当于人回到了平原，与其他零星时间的供氧不足或缺氧程度反差过大。当吸入1/7纯氧加6/7稀薄空气时比较合适。计算过程如下：

设正常人每分钟呼吸气量为1，其中吸入纯氧X%，稀薄空气为1−X%。以拉萨为例计算，空气相对氧浓度为21%×65%=13.65%，吸入纯氧浓度为95%（99%是理论值，实际买不到），最终吸入的混和气体氧浓度为25%（取西藏航空公司的24.5%~25%），则：

95%×X%+13.65%×(1−X%)=25%×1，X% =14%，14% ≈ 1/7。

吸入混入1/7纯氧的空气，经皮动脉血氧饱和度才仅仅维持在95%~96%，还不如在平原呼吸普通空气就能达到的97%~99%高，是处于不缺氧的低限，完全不用担心受到"纯氧"伤害的！不担心自己血氧饱和度低而担心吸氧有依赖是本末倒置。只见1/7纯氧而不见6/7稀薄空气是以偏概全。好比一杯沸腾的开水，兑入了6杯凉水仍强调开水沸腾，我给这种情况起名叫做"刻舟求'烫'"！

零星时间是指人在高原行走、上下楼、乘坐电梯、就餐、短途乘车等碎片化、不便深度腹式呼吸、无法辅助吸氧的时间。人在高原防护再严，谁也做不到每时每刻不缺氧，那样吹毛求疵没有必要。

氧气、食物、水和热量都是人赖以生存的物质保障，缺氧不吸氧类似冷了不穿、渴了不喝、饿了不吃，都是说不通的。很难假设，人在沙漠里旅行断水了，遇到水源而不饮，因为此后路程可能无水；饥饿了，遇到食物不吃，因为之后没有食物供应；在寒冷的地区长途跋涉，中间遇到避寒的窝棚而不进，因为此后再无避寒的窝棚。所以，以怕"有依赖"为由拒绝生存的基本物质保障，是不正确的。

7. "治已病"思维被滥用

援藏干部、入藏人员概莫能外，均被"治已病"思维强烈左右着行为，扁鹊的故事没有听懂。凭着头痛、恶心、睡不着觉的感觉（症状），吃止痛药、胃药和安眠药，对准因缺氧而衍生出来的现象自己给自己"治病"，但对缺氧却视而不见，在防缺氧上一点功夫也不下。

我多次在拉萨的宾馆、饭店早餐桌上听那些刚入藏的人员描述昨晚与高反"斗争"的场景，如何头疼、恶心、睡不着，如何吃红景天、止痛药、安眠药等，而昨天下午说再见时反复提醒的吸氧却抛在九霄云外了。问他为什么不吸氧呢？回答软弱无力的，"我昨晚都没洗澡！"我再问为什么没吸氧！他又说："我不习惯鼻子里有个东西"。

人在精神紧张时本能支撑一切，本能之外一概不会！第一次上高原的人内心往往高度紧张，牢牢记住亲朋好友们的提醒：不要吸氧！充耳不闻来自一线实践的忠告：应当吸氧！宠幸鼻子只是个说辞，实际上是受本能驱使执行默认程序：治已病！

其实这种吃药只是消除不适感并非真的治"病"，是典型的头痛医头、脚痛医脚。有些人可能不认同，说我上次去西藏就是吃了两天药"好"的。

其实你不吃药过两天也能"好"！因为你要求的这个"好"只是难受的感觉减弱或消失了，生理上的高原反应依然存在。测测经皮动脉血氧饱和度可以证明，回到平原醉氧嗜睡也是证明。而且这种所谓感觉"好"更多的是身体习服的功劳，习服是身体的权宜之计，是可逆的生理反应。请相信，没有什么药物进入消化系统能够解决呼吸系统原料不足的问题。

即使在平原，人体也会发生短时供氧不足，甚至缺氧，这是正常的生理现象，一般不会导致疾病发生。例如从事体育锻炼中的耐力项目，跑步、游泳等，或者日常生活中从事复杂操作，手、眼、腿、脚、脑并用时。这好比气温下降了身体打寒颤、没有食物了肚子呱呱叫、一段时间没喝水嗓子冒烟，都属于正常反应，不是病。当任其发展，冻坏身体、饿得休克、渴到脱水，组织器官受到损伤，身体才会罹患各种疾病，严重的甚至丢掉性命。

关于服用红景天 多数援藏干部、入藏人员被推荐服用红景天或同类药物，这助长了"治已病"思维。似乎药吃足了，缺的氧就能补上。事实上，吃药不能补缺氧，补氧必须从呼吸系统补。医生挽救患者生命、治愈患者患处是表象，本质是患者、患处"尚可救药"。西医鼻祖希波克拉底早在公元5世纪就说过：**并不是医生治愈了疾病，而是人体自身战胜了疾病**。医生的本领在于辨证（望、闻、问、切）和论治，又称为施治。但是医生本领再高强、医疗器械功能再强大也治不好不可救药处、救不活无可救药者。不辨证施治，吃再多的药也无济于事。

我找到一篇1997年发表在《高原医学杂志》上的论文《红景天对高海拔地区健康人记忆功能的影响》，是青海省人民医院老年病研究室6名同志共同署名发表的，后续论文多引此文为证据，似有一定权威性。我详细阅读后发现了问题。该论文采集了30例居住高原20年以上45～59岁干部服用该医院研制的红景天胶囊30天的试验数据，得出结论："受试者服用红景天后较服药前PaO_2有明显差异，说明红景天能显著提高高原居民的PaO_2水平。"

高原健康人服用红景天后

PaO_2（kPa）的变化（$\bar{x} \pm s$）

	服药前	服药后	P值
PO_2	8.06±0.99	9.04±0.61	<0.01

图2-20 《红景天对高海拔地区健康人记忆功能的影响》中的表格

注：PO_2即PaO_2。PaO_2表示动脉血氧分压，正常范围为12.6～13.3 kPa。低于8.0kPa可诊断为呼吸衰竭，严重程度分三级，6.67～8.0kPa为轻度呼吸衰竭，5.33～6.67kPa为中度呼吸衰竭，＜5.33kPa为重度呼吸衰竭。

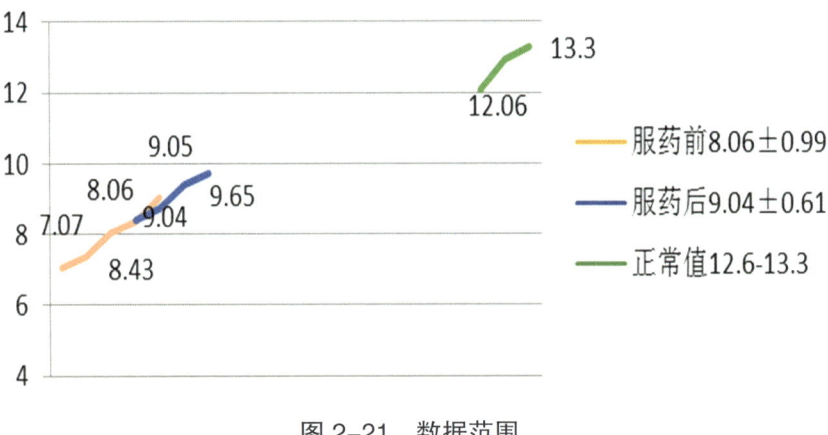

图2-21 数据范围

可是，该论文提供的数据是，服药前PaO_2均值为8.06kPa，服药后PaO_2增长到9.04kPa，均离正常值的下限12.6kPa很远。凭这个实验数据证明服用红景天能显著提高血氧分压非常牵强。打个比方，从一口井中救人，井口高12.6米，把人从8.06米救到9.04米，还差3米多没救上来！我不明白，这样宣称的"显著提高"有什么意义？另外，服药前PaO_2均值为8.06kPa说明受试人群已接近呼吸衰竭，图2-20附注载明："低于8.0kPa

可诊断为呼吸衰竭"，怎么能说是对高原"健康人"试验？难道高原健康人与平原健康人是双重标准？

我单位有一位领导同志身体超级棒，退休后去了一趟西藏，入藏前他听人劝提前2个星期开始吃红景天，人上了高原血压跟着也上去了，人下了高原1年多血压降不下来。可见，谁也不能说吃了红景天就万事大吉了。

为什么不直接解决呼吸系统原料供应短缺问题？不在百分之九十几那边下功夫？

我们不否认，无论是"自血回输"直接注射进血液，还是服用天然中药、化学药品从消化道进入体内，经过肠胃吸收，都能改变血液成份，在一定时间内一定程度地提高人的携氧能力，如一些运动员的行为。但是提高比例非常有限，也许只有百分之几。这百分之几，对于势均力敌、成绩相差无几的运动员名次提升非常显著，甚至至关重要，由此带来的胜利光环和利益诱惑巨大，不乏铤而走险者。但是对于平均40%的"氧"料供应下降，杯水车薪。为什么呼吸系统原料缺乏问题，非要绕远道走消化系统、血液循环系统去解决呢？这难道不是"治已病"思维，甚至是"服药思维"作祟？

运动员服药是为了在平原参赛，取得好成绩，并不长期服药，比赛结束后，仍然要选择生活在平原。不像西藏同胞长期在藏、援藏干部长期建藏。我们为什么要学他们？要明白，利用服药提高携氧能力对身体属于临时"造假"，会换来血液黏稠度提高、血压升高，增加血栓的形成、心脑血管病突发的危险和概率。

真实情况是，绝大多数运动员需要强化体能时，会被安排到高原或模拟高原环境训练，依靠强壮身体机能的方式，提高运动成绩。如云南昆明海埂体育训练基地海拔1888米，建于上世纪70年代，已成为以足球训练为龙头，以游泳、网球、篮球、排球、垒球、壁球、橄榄球、沙滩排球、跳水、田径为主体的综合型多功能高原训练基地。北京体育大学科学研究中心低氧训练实验室，近几年建成的采用"平压富氮"方式模拟的缺氧环境，最高可模拟海拔 6000 米。运动员在其中吃、住、训练，关上门但不用密封，就可以在北京的大气压下模拟高原。游泳、中长跑和减肥是主要训练项目。据了解，低氧训练在发达国家比较普及，美国著名游泳运动员菲尔普斯就是低氧训练实验室的常客。

关于服药减少"浪费"　初听似有道理，但推敲后发现并不成立。这里的"浪费"是指人呼出的"废气"中氧含量仍然高达 16%。吸入时是 21%，身体只用掉了 4%～5%。说"浪费"是指当遇到心肺复苏抢救，口对口吹气时这"废气"可以救人命，仍具有利用价值。所以，假设通过服用某种药物提高身体携氧能力，能把体内"浪费"的氧利用起来，就减少"浪费"了。最关键的是吸入 21% 氧呼出 0% 氧的人类不存在！在一个标准大气压下，吸入含有 21% 氧气的空气，呼出 16% 的氧气含量、外带 4% 左右二氧化碳含量的混和气体，就是人类维系生存的正常呼吸。

自然界中，最常见的全氧化反应是燃烧，可在短时间内用掉 100% 的氧气，氧化掉可燃物，释放出大量的光、热和二氧化碳等。人体的生理化学反应本质上也是氧化反应，但不是那样激烈的氧化反应。而是在氧化与抗氧化之间取得平衡的生理化学反应。反应条件非常苛刻，无论世居高原还是平原的人，都需要长期持续 95% 以上的氧饱和度才能保质保量完成。当外界氧供不足时，无论是气压正常但空气中氧含量低于 21%（如在模拟低氧训练室里），还是空气氧含量正常但气压低于 1 个标准大气压（如在高原或者身患呼吸系统疾病、贫血病）使得体内氧运输不畅，都会发生血氧饱和度降低，造成肌体缺氧，氧化反应弱，生存质量下降，影响到生理健康。反过来，氧供应过于充足，无论是环境过于充足（如在高压氧舱中时间过长），还是因为从缺氧地区来到平原，短时间相对充足，都会加强身体氧化反应，产生多余的氧自由基，造成生物膜系统损伤及细胞内氧化磷酸化障碍，表现为"醉氧"。

高原人群长期生活在稀薄空气中，没有防护措施，身体长期处于供氧不足或缺氧状态，身体里的血红细胞比平原地区同龄人多，携氧能力比平原地区同龄人强。如果能利用这剩余的16%，生理上早就利用了，不会浪费。但造化如此，人类就是1个大气压环境下繁衍出来的生物物种，在0.6个大气压环境中，肌体就会表现缺氧。我在那曲给那26名孩子测量经皮动脉血氧饱和度，统计数据显示他们的经皮动脉血氧饱和度平均为87.4%，整体处于缺氧状态，说明前述担心"浪费"的情况不存在。

以上说明解决人在高原缺氧问题，在体内"存量"上做文章没有出路，应该在体外"增量"上下功夫。即吃药是错误的，补氧才正确。

8. 医生建议不吸氧！

这是我最想不通、最不愿相信的，但却是事实！恐怕是人在高原缺氧误区的最大根源。人们相信医生，是因为医生以治病救人为天职，有起死回生的本领，能把病入膏肓的患者从死亡线上救活。但是比治病更重要的是预防，最棒的医生是善治"未病"的医生。我国战国时期名医扁鹊为齐桓公看病，齐恒公讳疾忌医，一再拖延，结果病入骨髓，无法医疗，扁鹊连夜逃往秦国，不久齐恒公就病发而去世了。

本题中，预防缺氧是改善个人生活习惯的问题，本无关医生，至少无关临床医生。从援藏干部角度，预防在先、保持健康，不患病、少患病是自己的责任，不能推给医院和医生，更不能推给组织。从医生角度，如果是出于预防、康复的目的可以给予专业指导，但一定要慎言！患者太听医生的话了。裘法祖（1914年12月6日—2008年6月14日）院士说："患者对医生的信任不是宣传出来的，而是在与患者相处中一天一天建立起来的。医生的态度，即使是一句话，都会严重影响患者的情绪和生活。"医生一句话失之毫厘，患者的行为谬以千里。

2015年黑龙江省第五批援藏工作队与日喀则市共同举办《高原健康知识系列讲座》，事后将视频资料刻成23个光盘，编辑成册发给援藏干部，

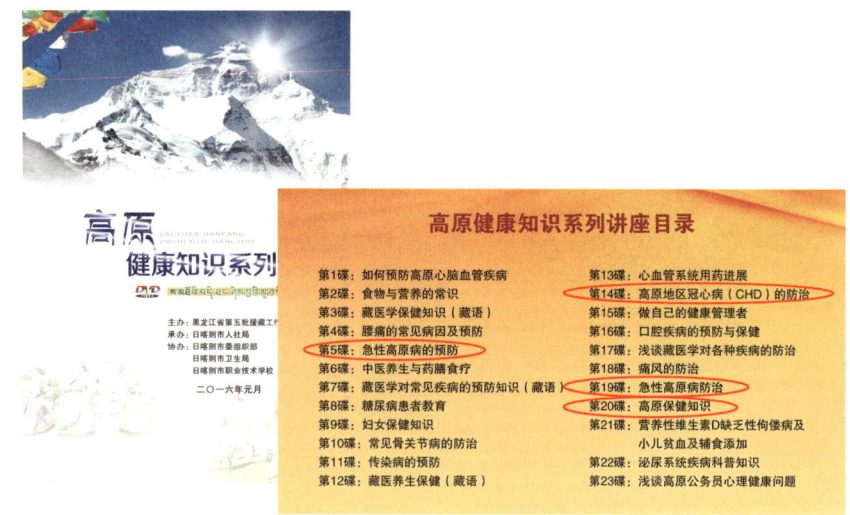

图 2-22　高原健康知识系列讲座

落款日期是 2016 年 1 月。这是非常难能可贵的高原保健行动。我听说后向日喀则援友要了 1 套，挑选了与本话题相关的内容认真学习，结果令我大吃一惊。西藏官方医疗保健机构的医生竟然真的在劝告人们在高原不要吸氧！

第 5 碟《急性高原病预防》建议普通"高反"时，低流量吸氧；患了肺水肿，高流量持续吸；反对大流量持续吸氧，因为可能吸氧过多。总体上认为人在高原缺氧是无法克服的，只能在思想上和行动上采取预防措施，听命于身体，当身体承受不了时，及早发现，及时治疗。

第 19 碟《急性高原病防治》持同样观点，认为高原病不能完全预防，人在高原缺氧是无法避免的。

第 20 碟《高原保健知识》认为："吸氧可以暂时性地缓解胸闷气短、呼吸困难等症状，但吸氧也会延缓适应高原的时间。所以如果高原反应不严重，最好不要吸氧或者少吸氧。一般进入高原的 3～5 天，我们建议可以少量的、夜间临睡前吸 10～15 分钟的氧气，会对尽快地适应高原反应有一定的作用。"

上述观点是错误的！出发点错误！指导思想错误！错在先入为主！讲

座医生思想深处预先接受了人在高原注定要缺氧,预埋了人在高原一定要适应高原的观点。这种错误观点,与人类求生图存的生命精神相悖,与我国传统医学"治未病"理念相悖,与我国现行预防为主的医疗方针相悖,与我本人及其他援藏干部的成功实践相悖。我建议来到高原工作、生活的人们:不唯上,不唯书,要唯实。一切要经实践检验。从概念出发的人,就会不顾事实。

上述错误观点错在基本逻辑不通。"吸氧会延缓适应高原的时间"反过来是说不吸氧就不会延缓适应高原的时间,因此为了不延缓适应高原的时间,就请大家不要吸氧。那么,什么是"适应高原"呢?显而易见就是适应"缺氧"!因为众所周知"吸氧会延缓缺氧的时间",又"吸氧会延缓适应高原的时间",所以"适应高原"等于适应"缺氧"。医生竟然教育大家要适应缺氧!缺氧有损身体健康却教育大家不要吸氧、保持损害健康,这谈何保健?保健就是保卫、保护、保障、保证健康,保健知识讲座却教人如何不保健,逻辑不通。

德国的奥托-海因里滋-迈耶霍夫(1884年4月12日—1951年10月6日,1922年诺贝尔医学和生理学奖获得者)和奥托-海因里希-瓦博格(1883年10月8日—1970年8月1日,1931年诺贝尔医学和生理学奖获得者)研究均认为:"细胞缺氧造成组织和细胞的氧合(oxygenation)不够,这不仅是导致疾病和癌症的基本原因,而且也会造成退化性疾病的体质。缺氧是免疫和退化性疾病的一个显著因子。"美国生理学家、著名的《医用生理学教科书》作者阿瑟-盖顿(1919—2003年)说:"所有慢性疼痛、病痛皆因缺少正常细胞生理用量之氧所致。"

2015年8月,西藏自治区成立50周年大庆,中央代表团入藏慰问,自治区派出了医疗队伍提供保障服务。几名医护人员为中央代表团一位领导同志测量经皮动脉血氧饱和度,我在场,结果刚过90%。医生说"正常"。我立即追问"正常"是什么意思?领导现在到底是缺氧还是不缺氧?这位医生用疑惑的眼神看着我。我自我介绍是援藏干部，正在研究人在高原缺氧问题，据我所知，95%以上才不缺氧，90%～94%之间是供氧不足。他支支吾吾地说："都这样，适应了就好了"。

整个大庆活动从筹备到举行1个多月时间里，我除了协调拉萨饭店这家自治区直管国有企业做好后勤保障外，大量碎片时间花在向出席活动的领导同志、向为活动忙里忙外的工作人员，甚至向首长的保健医生，介绍防缺氧方法。因为所有来宾都把适应不适应、有无"高反"，当作最重要的话题挂在嘴边，但无一例外，不知道该怎么办。西藏方面的同志也全部把关心代表团成员的健康作为第一考虑，但无一例外，不知道如何指导防护。我手把手教过代表团一位主要领导同志做深度腹式呼吸，答复过另一位领导同志的保健医生从地区打来的求助电话。他问，我们随团护士"高反"严重，吃什么药？我回答：赶紧吸氧，与吃药无关！我是前天晚上刚刚教过他如何深度腹式呼吸让身体不缺氧的，而且现场测量过经皮动脉血氧饱和度的变化。

那段时间我感觉既无奈又无助。

援藏干部只身援藏，要有勇气更要有智慧。

我以为最大的智慧是独立精神。胡适先生说："独立要不盲从，不受欺骗，不依傍门户，不依赖别人，不用别人耳朵为耳朵，不以别人的脑子为脑子，不用别人的眼睛为眼睛，这就是独立的精神。"其次是实事求是精神，尊重事实，尊重千百万人生命实践的事实，尊重单个个体重复试验的事实，决不能视而不见。凭感觉是缺乏实事求是精神的冒险，靠吃药企图补氧，走错了方向。

人是思想动物，思想意志可以像钢铁一样顽强，但身体只是一付血肉之躯，在大自然面前十分弱小。援藏干部人才的顽强意志不是用来坚持"战胜"缺氧的，缺氧是"战胜"不了的，去做"战胜"缺氧这件事什么意义都没有。应当发挥人的主观能动性和创造性"战胜"自我，克服思想认识和行为习惯上存在的各种误区，不是被动地依赖、消极地适应自然界，而是以自觉能动的实践活动改造自然,以实现自己的生存和发展。

人在高原缺氧的机制

人与氧的关系　氧气由法国科学家拉瓦锡(1743年8月26日—1794年5月8日)于1774年"真正发现"。氧气概念于1850年传入中国,清末科学家、我国近代化学启蒙者徐寿(1818年2月26日—1884年9月24日)将其命名为"养气",养生之气的意思。1920年商务印书馆造字,在"养"字上面加气字头造出"氧"字,1928年中国化学学会开会正式确定下来。

发现氧气,瑞典化学家舍勒和英国化学家普利斯特里比拉瓦锡还早,但他们"当真理碰到鼻尖上的时候还是没有得到真理",因此,恩格斯称拉瓦锡为"真正发现氧气的人"(引自《资本论》第二卷《序言》)。其实中国人发现氧气最早,比其他国家早了上千年。1807年东方学者德国人克朱利斯·拉普罗特在彼得堡俄国科学院学术讨论会上宣读了一篇论文,称中国人

图 2-23　拉瓦锡(法)

图 2-24　徐寿(中)

马和1000多年前就发现空气和水里都有氧气存在,时间是唐代至德元年(公元756年),他出具了一本60多页的汉文手抄本《平龙认》(作者马和,堪舆家),令在场的科学家惊叹不已。

氧是人体化学能生成的关键物质,人体的生命活动需要化学能,三大营养物质:糖类、脂肪、蛋白质进入人体后,必须通过氧化代谢反应才能产生和释放出化学能。在完全氧化条件下,每克脂肪可释放9.3千卡能量,每克糖、蛋白质可释放4.1千卡能量。这些能量接近一半生成三磷酸腺苷(ATP),供给人体各个部位细胞活动所用,另外一半用于维持体温,不断以热能形式向外释放。只有摄入充足的氧气,营养物质充分与氧结合,才能完成理化反应,生成能量,为生命活动不间断提供足够的化学能源。

氧气出现在地球上已经24亿年之久,而人类作为独立的物种,仅存在了大约200万年。如果把地球的年龄看成24小时,氧气出现在午后,而人类出现在最后1分钟。人类是在"靠近水源的平原",适应21%含氧量、78%含氮量、1个大气压环境下进化出来的动物物种,人类无法抗拒进化的力量。人体的所有器官、组织和细胞都依赖氧,依赖这种浓度的氧。人类在平原生存繁衍较好,在海拔2500米到4500米之间生存质量逐步下降、越来越短寿,超过5000米几乎无法生存,是人类的生命禁区。

李廷煜老师的博文《缺氧,是一切慢性疾病的根源》浅显易懂:整个身体,就是一个储存氧气的容器。水、血液、蛋白质都是氧气的载体。江河湖泊中如果缺氧,水质就会发臭,鱼儿就会死亡。血液中如果缺氧,心脏就会持续跳动加快,血压就会升高,脑溢血中风就可能发生。身体释放能量,无论是由蛋白质还是脂肪、碳水化合物转化而来,都需要消耗大量的氧气。在缺氧状态下,木材、石油的燃烧都会释放大量毒气,而氧气充足就不会。煤在缺氧状态下燃烧释放的毒气更是可以随时致命。蛋白质、脂肪、糖类在缺氧状态下的燃烧,情况也是一样,将产生大量的自由基,导致肌体的衰老和变异。糖类的无氧酵解是诱发癌症的一个非常重要的因素,而缺氧也将使糖类难以被利用。

　　本人援藏前就体会过氧的神奇作用。2009年春节后，我开始接受盲人按摩理疗，每周2～3次，每次1小时，坚持了3个月。"五一"小长假一天早晨醒来，我的腰没有不适感觉了，长达6年的腰椎病竟然好了！此前，我已严重到起身落座都要手扶的地步，开会最多坚持坐姿半小时，超过40分钟腰就有要"断了"的感觉，极其痛苦和沮丧。北京两家专业大医院的医生建议我择时手术，诊断是腰椎3、4节膨出，椎间狭窄，属退行性病变。经过盲人按摩治好了腰疾，我切身感受到了中医所说的"痛"与"通"的关系。"痛则不通"，就是指富含氧的血液在痛处不流通了，"通则不痛"是指富含氧的血液在痛处流通了，也称"气至病所"。气即血气，富含氧的血液。气至病所，就是血气流通到脉络不通处，让该处血气通畅了。现代久坐办公室的人普遍颈椎、腰椎不好，就是因坐姿僵持，这两个部位气血不能流通造成的。颈椎、腰椎不好的人，要着力解决血气流通问题，一方面要充分睡眠让血液自己流通，另一方面可外加推拿按摩或运动等辅助流通，只要达到气至病所，疼痛就会缓解或消失。

　　人从胎儿起，直到死亡止，终生依赖氧。绝氧即死、缺氧生病、有氧鲜活、补氧疗伤、过氧中毒，这就是人与氧的关系。

　　高原不"缺氧"！ 人们常说"高原缺氧"，这种说法不准确，在文稿中这样表述不严谨，准确、严谨的表述是高原空气稀薄。高原是地理称谓，相对平原、盆地、丘陵而言，是地球陆地的一种存在形态，不存在缺氧或不缺氧问题。只有陆地之上、之中、之内，江河湖海之中，依赖氧物质生存的生物，包括植物、其他动物和人类，才会有缺氧问题。一则寓言故事说明了其中的道理："大森林里，一对漂亮的红蘑菇长在树下。清晨，两个采蘑菇的人发现了它们，但迟疑了一下没有采就走了。人走后，一个蘑菇惊讶地对它的伙伴说：诶！你听到了吗，刚才人类说我们有毒！"红蘑菇是无辜的，有毒无毒只对想采食它们的人类才有意义。同理，缺氧与否是人间标准，与高原无关。有人说，这是偷换概念！其实不然。

人们说"高原缺氧"与说"沙漠缺水""南极寒冷"相似，都是默认有人类参与的。如果人们不前往、不在其中活动，说这句话就没有任何意义。当一支驼队穿越沙漠，一支狗拉雪橇队到达南极点，一行"驴友"拍摄高原风光，此时再说"沙漠缺水""南极寒冷""高原缺氧"这些话，立刻变得生动而富有意义了。"高原缺氧"平常说说无所谓，平常人说说也无所谓，但描写高原的人在报刊、书籍中落笔，医生说给"高反"患者，政府官方网站正式表述，以及援藏干部人才在研究和解决人在高原缺氧问题时必须准确、严谨地表达。

沿着人类参与其中的思路逐字推敲会发现，"高原缺氧"是省略句。表面上主语是"高原"，实际上前面省去了真正的主语"人"。"高原"原本也是想说"到高原"或"在高原"，"到"或"在"也被略掉了。想表达的完整意思是"人在高原缺氧"或"人到高原缺氧"。

这样省主语、略状语简化为"高原缺氧"，概念才被真正偷换了！人类自身的缺氧问题被"分配"给了高原。这种面对困难强调客观的态度对大自然没有任何影响，于人类自身也毫无益处，反有害处。

高原空气不"缺氧！" 我们继续咬文嚼字说空气——这种自然界中存在的气态物质，而不谈空中、空间。物理学知识告诉我们：空气中各种成分的体积分数比保持相对稳定，其中氮气占78%，氧气占21%，稀有气体占0.94%，二氧化碳占0.03%，其他气体和杂质占0.03%。从海平面到10万米的高空，氧气在空气中的体积含量均占21%左右。如果我们使用氧气检测仪在平原和在高原检测空气，只要不是在非特殊环境里，会得到相同的氧含量数据。我们说不出高原空气"缺氧"这句话。

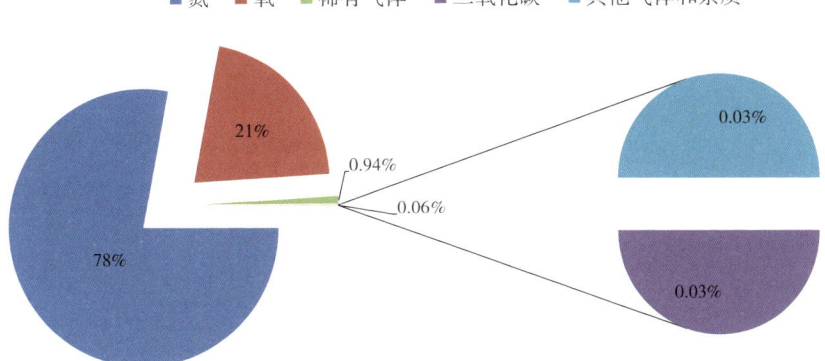

图 2-25　干洁空气的组成及其按体积所占的百分比

特殊环境中，才会轻微缺氧（含量），如居住人员过于密集的集体宿舍、传统方式"坐月子"的房间长时间不通风、上下班高峰时间的地铁车厢里等，空气因为流通不足，氧气被消耗后呼出的二氧化碳含量增高，氧含量相对降低。严重缺氧（含量）的地方，如地窖、化粪池里，这些特殊环境的空气中的氧因长时间被大量消耗，新鲜空气无法及时补充进去而导致缺氧，但人很少能去。工矿领域里既存在缺氧也存在富氧情况，如钢铁、石油、化工、煤矿井下或地下管道、隧道等地下工程周围空气环境中都需要专业的氧气检测仪检测和超限报警。

图 2-26　贡嘎机场西藏航空宾馆测氧终端

注：2015 年 1 月 9 日，贡嘎机场西藏航空宾馆房间平时含氧量 20.86%，与平原地区相同。

缺，由缶[fǒu]和夬[guài]组成。缶，瓦器；夬，分决。缺的本义是器破。水缺为"决"，玉缺为"玦"[jué]，器缺为"缺"，都有破损、缺漏而不完整之意。

图2-27 玦

高原的空气也是空气！其成分并没有破损、缺漏。

既然高原空气中不"缺"氧（含量），前文又阐明了"高原"不存在缺氧问题，那么，"高原缺氧"究竟指什么？这样咬文嚼字的意义又何在？

高原空气稀薄、缺空气！高原空气稀薄，是指高原单位体积空间中，空气物质含量比平原少，即空气密度低。标准情况下，空气密度是1293克／立方米，而拉萨为840克／立方米，为标准情况的65%左右。标准情况即物理学规定的纬度45°、零海拔、0℃，大气压为1个标准大气压（0.1MPa）的情况。

西藏电视台播报天气预报，拉萨市区生活气象指数"相对含氧量65%"，其含义是，拉萨市明天的空气密度或空气稀薄程度只达到标准情况

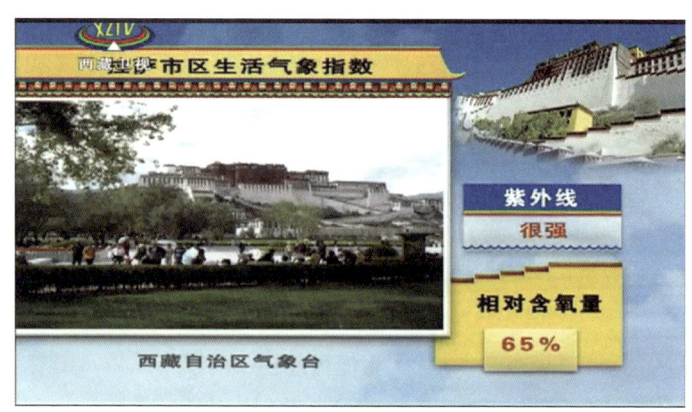

图2-28 XZTV天气预报

的 65%，即比平原地区少 35%。但是，是连同氧、氮等一起等比例地减少，并未独少氧。空气中的含氧量始终是 21% 左右，与平原空气没有差别。高原的空气与平原的空气是同一种气态物质！人们表述气态物质少，习惯用稀薄。

有人说缺空气就是缺氧气，因为氧气包含在空气里面。氮气没有用，缺不缺无所谓。事实可不是这么回事！站在自然界的角度，单位空间内高原的空气物质量比平原缺少。站在人类的角度，环境缺空气不一定自己就缺氧、环境不缺"空气"不一定自己就不缺氧。

首先环境缺空气，在一定限度内，人为加强呼吸就可以不缺氧。道理非常简单，因为稀薄空气有的是！你多摄取空气进入你的身体即可。另一种方法，在稀薄的空气中人为地提高含氧量，不用加强呼吸人也可以不缺氧。实践证明，在拉萨市，将氧气含量从 21% 提升至 24.5%～25%，人在其中正常呼吸就可以不缺氧！成功实践的单位是西藏航空公司驻地——贡嘎机场。青藏铁路格-拉（格尔木至拉萨）段列车上也采用这种"平压富氧"的方法解决旅客在稀薄空气中身体可能缺氧受到伤害的问题。

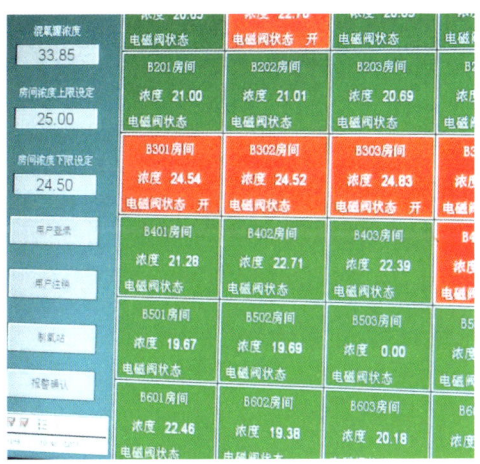

图 2-29　西藏航空公司驻地楼宇供氧监控

其次，环境不缺"空气"[1]不保证人处其中一定不缺氧。如果提供的"空气"很充足，达到了 1 个大气压，但"空气"中全是氮气，5 分钟人会死亡，这是常识。如果"空气"换成纯氧，结果人也会"憋

---

[1]　"空气"，原意为构成地球周围大气的气体，本文特指"人所处空间中的环境气体"，列举了最极端的纯氮、纯氧环境对人的影响。

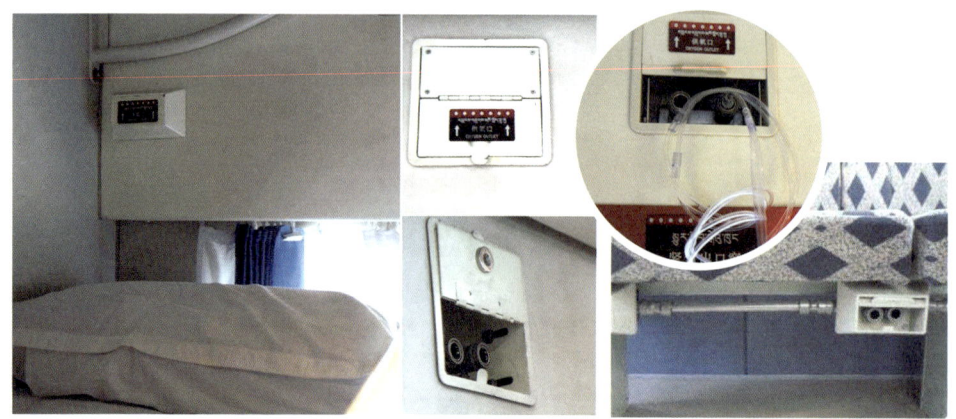

图 2-30　西藏铁路旅客列车采用的两种供氧方式

死",死于"氧中毒"。

关于氧中毒　19 世纪中叶,被誉为高空生理学之父的法国科学家保尔·伯特(1833—1886 年)发现,让动物呼吸纯氧(氧含量 100%、氮等其他气体含量为 0% 的气体)会引起中毒,人类也一样。在大于半个大气压(0.05MPa)的纯氧环境中,纯氧对所有人体细胞都有毒害作用,吸入时间过长就可能发生"氧中毒",表现为:肺部毛细血管屏障被破坏,导致肺水肿、肺淤血和出血,严重影响呼吸功能,进而使各脏器缺氧而发生损害。在 1 个大气压(0.1MPa)的纯氧环境中,人会发生肺炎,最终导致呼吸衰竭、窒息而死。在 2 个大气压的高压纯氧环境中,最多可停留 1.5～2 小时,超过了,会引起脑中毒,生命节奏紊乱,精神错乱,记忆丧失。如加入 3 个大气压,甚至更高的氧,人会氧中毒,在数分钟内发生脑细胞变性坏死,抽搐昏迷,导致死亡。

氮气起到了压舱石作用。追溯人类"氧中毒"的原因,只能到史前寻找答案,大自然没有提供纯氧环境供人类进化,人类是在混和气体环境中完成进化的。在这个环境中,气压大约是 1 个大气压,各种气体含量(干洁条件下)为 21% 氧、78% 氮、1% 二氧化碳和其他微量物质,还有湿度、温度和宝贵的负氧离子[1]。人类的肌体、组织、细胞、基因，都是适应这种环境造化出来的。这种混和气态物质围绕在人身边，像水围绕在鱼身边，数量、质量小范围变化可以。数量不能缺得太多，质量不能变化太大，即使给予富氧"优待"也不能过量。早产儿在保育箱中因供氧过量，生命虽然保住但眼睛却失明的案例偶有发生。所以，尽管研究发现氧气主要参与生理生化反应，对生命最为有用，人一刻也离不开，而氮气不参与生理生化反应看似无用，但氮气起到了"控股不控权"的压舱石作用，与氧气一道共同维系人类生命。氮气决不是没用，缺不缺无所谓。

是空气而非氧气，是人类赖以生存的三项基础物质之一。

咬文嚼字的意义　本人咬文嚼字地强调"高原不缺氧、高原空气不缺氧（含量），是高原缺空气"，并非玩文字游戏，更无意"白马非马"诡辩，是想把问题抽丝剥茧认识精准，陈述精确，为解决"人在高原缺氧"问题奠定理论基础，有实事求是之心，无哗众取宠之意。按照哲学思维，要否定一个东西，首先要肯定它，肯定要否定的是此而非彼。否定"人在高原缺氧"，必须准确、精确、毫不含糊地弄清楚什么是"高原缺氧"？是环境缺氧还是人缺氧？环境缺氧是空气本身缺氧还是人所处空间缺空气连带缺氧？人缺氧是吸进肺泡的空气不足还是压出肺泡的氧分子不够？解决人在高原缺氧问题是加压还是增氧有效？

我非常赞同一位学者说的话：科学精神就是怀疑精神、批判精神、分析精神和实证精神，是这四种精神的总和。如果不对"高原缺氧"的说法怀疑、批判，对其含义透彻剖析和提出质疑，就无法透过现象看到本质，进入解决问题的正确轨道，就只能停留在"高原缺氧"表面，人云亦云，被动忍耐，

---

[1] 负氧离子，即空气负离子，因空气电离出的自由电子多数被氧分子"俘获"而得名，负氧离子有抗氧化、防衰老的突出作用，享有"空气维生素"的美称。空气电离途径有紫外线照射、瀑布冲击、细浪推卷、暴雨跌失、森林中树木枝叶尖端放电、绿色植物光合作用等。

不去改变。而当对这一系列问题进行深入、冷静地思考，然后付诸实践，得出的结论和方法通过了"可重复验证、可证伪、自身没有矛盾"测试后，符合了科学特点，才能交给援藏干部验证，教会高原群众实践。否则，在一个谁也不限制你自由呼吸，但却不能保证你生命质量的环境中，大家一起稀里糊涂，人云亦云，一批接着一批忍受，一代一代"传承"，无论世居、援藏、戍边人员，健康得不到保障，长此以往，如何治边稳藏？如何同步小康？人的低质量生存，如何带来高质量发展？这是非常严肃、深刻的话题。援藏干部本人、派出单位和组织部门，都应当严肃认真地思考和对待。

这就是咬文嚼字的意义！

目前对"高原缺氧"问题的认识存在两种截然对立的观点，第一种是认定高原缺氧，高原空气缺氧，人在缺氧的环境中生活一定会缺氧，这是客观存在，人不要做无谓努力，要适应高原，适应缺氧。凡是得了高原病的就是没适应好，得了病就治病。第二种是懂得高原是空气稀薄，稀薄的空气中并不缺氧，身边稀薄的空气有的是！人在高原缺氧是人缺氧，缺氧是人主观原因造成的。人应当加强呼吸、改善呼吸习惯，科学改造生存小环境、不让自己缺氧，避免患高原病，不向低气压屈服。持哪种观点成为是否能够解决人在高原缺氧问题的分水岭。

仅限于争论是没有意义的，实践才是检验真理的唯一标准。事实是无论在平原还是在高原，无论是藏族是汉族，无论中国还是外国，人类谁也无法违背"质量守恒－物质不灭"定律。巧妇难为无米之炊，身体得不到充足的氧气，血氧是饱和不了的，血氧不饱和全身受损伤。问渠那得清如许？为有源头活水来。以祖祖辈辈都如此为由拒绝改进是没有创新精神，以前辈的思维作为自己的思维是缺少独立精神，都要不得。

人体各异，在同一海拔高度，"高反"程度有差异，自我加强呼吸强度多大，缓解缺氧效果如何，需要试验。我本人的试验结果：在拉萨街头，闭口，非常努力地深度腹式呼吸，经皮动脉血氧饱和度可短时升至99%，完全饱和；

比较努力地深度腹式呼吸，经皮动脉血氧饱和度可维持在95%～96%，不缺氧的下限水平；常态胸式呼吸，静息时经皮动脉血氧饱和度最高达到90%，缺氧但不严重；如果走动、上下楼梯等，经皮动脉血氧饱和度会低至85%左右；如果平静地坐在会议室，情况要好很多，一般地深度腹式呼吸，经皮动脉血氧饱和度可维持在95%～97%，可持续不缺氧。以上情况尽管因人而异，但规律相同。

低大气压、低氧分压　氧气随着空气被吸入肺泡，由于肺泡内氧浓度高于肺泡外，氧分子被压出到肺泡外，进入血液循环系统。同时，由于肺泡外的二氧化碳浓度高于肺泡内，二氧化碳由肺毛细血管被压入肺泡内，随着呼气排出体外，完成肺的气体交换。肺的气体交换是人体维持生命的基础功能，该功能如果发挥不好，生命质量就会降低。

氧分子被压出肺泡主要依靠大气压，其次是靠氧浓度，即氧分压。无论靠总压力还是分压力，最终是聚集在肺泡里的氧分子数量足够多、密度足够大，进入血液循环的氧才可能多。

假定人在空气稀薄的高原仍然像在不稀薄的平原一样呼吸，那么，每次吸入新空气、呼出废气的体积量不变，因为肺活量没有改变；吸入空气的物质组成体积比也没有变，仍然是（大约）氧气21%、氮气78%、二氧化碳及其他1%。但吸入的空气密度比海平面的要稀薄得多，虽然仍能充满肺腔，但空气物质摩尔数平均少了近40%，进入肺泡中的空气物质绝对数量打了折扣，专业术语是氧分压低，因而压不出足够数量的氧分子到肺泡外，进入肺毛细血管的氧也会随之减少，血氧饱和程度自然就会比在平原低，人体就会缺氧。用道尔顿分压定律的原理来表示是：

氧分压 = 总压 × 氧浓度

由于氧浓度基本不变，平原、高原都是21%左右，当总压变小时，氧分压变小。

气体分压概念　某一气体在气体混合物中产生的分压等于在相同温度

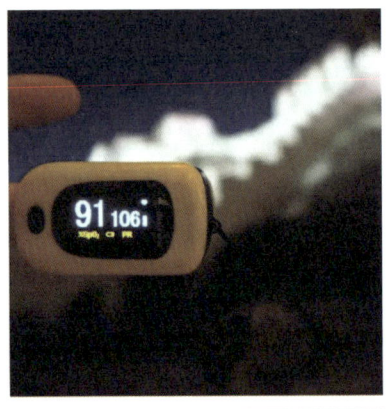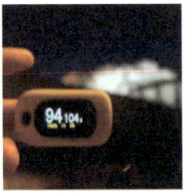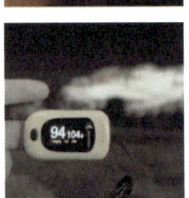

图 2-31 经皮动脉血氧饱和度

注：走出龙王潭，转布达拉宫，一路测经皮动脉血氧饱和度，做深度腹式呼吸，用鼻子呼气，经皮动脉血氧饱和度竟然超过94%，停下等过街，经皮动脉血氧饱和度高到99%。

图 2-32 经皮动脉血氧饱和度

注：看游客照相，深度腹式呼吸幅度减小，经皮动脉血氧饱和度降至94%。在白塔那边等出租车，再次深度腹式呼吸，经皮动脉血氧饱和度又升到97%。

图 2-33　南迦巴瓦　图片作者：张君

下它单独占有整个容器时所产生的压力。以氧分压为例，收集一瓶空气，将其中的氮气等其他气体除去，剩余的氧气仍会逐渐占满整个集气瓶。但剩下的氧气单独造成的压强会比原来总压强低，此时的压强值就是原空气中氧气的分压值，即氧分压。混合气体的总压强等于其中各气体分压之和。某地大气压大约等于该地氧分压和氮分压的总和。

大气压的概念　大气压是大气受地心引力作用，对浸在它里面的物体产生的各个方向的压强，称做大气压强，简称大气压或气压。可理解为单位面积上向上（地心以外）延伸到大气上界的垂直空气柱的重量。越靠近大气层底部，即越接近海平面，垂直其上的空气柱体积越大，重量越重，空气密度越大，气压越高；越远离大气层底部，即海拔越高，垂直其上的空气柱体积越小，重量越轻，空气密度越小，气压越低。

大气重量概念　地球表面大气总重量约 5100 万亿吨，占地球总重量大约百万分之一。计算过程如下：大气总重量 = 单位面积大气重量 × 地球总表面积。测得 1 个标准大气压 $p \approx 1.0 \times 10^5$ Pa，则 1 平方米海平面以上的气柱重量 $m \sim 10^4$ kgf，即 10 吨力。地球表面积 $S = 4\pi R^2$，R 为地球半径，

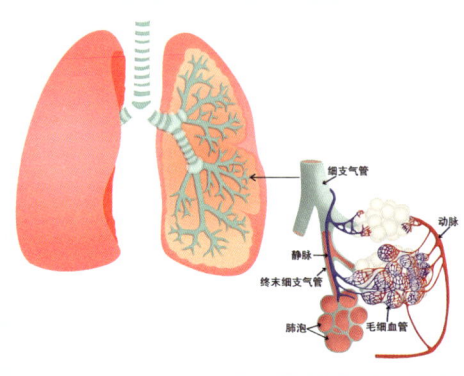

图 2-34 肺泡解剖结构

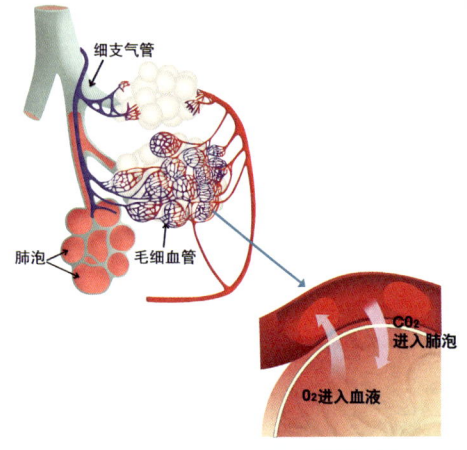

图 2-35 气血交换过程

取 6370 千米，则大气总重量 $M = m \times 4\pi R^2 = 10^4 \times 4\pi \times (6370 \times 10^3)^2$ kg $= 5.1 \times 10^{18}$ kg。

成人体表面积为 1.5～2.0 平方米，假设某人的体表面积为 1.6 平方米，在空气中承受大气压力约 16 吨力。拉萨海拔 3650 米，大气压力比海平面减少约 35%，承压从 16 吨力降到 10.4 吨力，相差这么大，我们却感觉不出来，为什么？因为人体并非真空，体内器官组织通过各种管道、途径与外界空气连通着。内、外"表面"同时承压，所以没有异常感觉，也不会受伤。如消化道，可想像为在"体外"（皮肤以内、消化道以外才是我们真正的"体内"），日常通过打嗝、排气与外界间断连通。

17 世纪 50 年代之前人们不了解大气压的存在，看到真空管里的"水向上流"不知真相，一直延用亚里士多德"自然厌恶真空"的说法来解释。亚里士多德这句话的意思是大自然厌恶真空的存在，一旦出现真空就让水来填补，于是水就被抽上去了。真空出现在哪里，水就跟到哪里。直到 1643 年托里拆利（1608 年 10 月 15 日—1647 年 10 月 25 日）的水银柱试验，尤其是 1654 年盖里克（1602 年 11 月 20 日—1686 年 5 月 11 日）著名的马德堡半球实验，真相才大白于天下。马德堡半球实验用了 16 匹马才将直径 37 厘米的两个抽成真空的铜半球拉开，

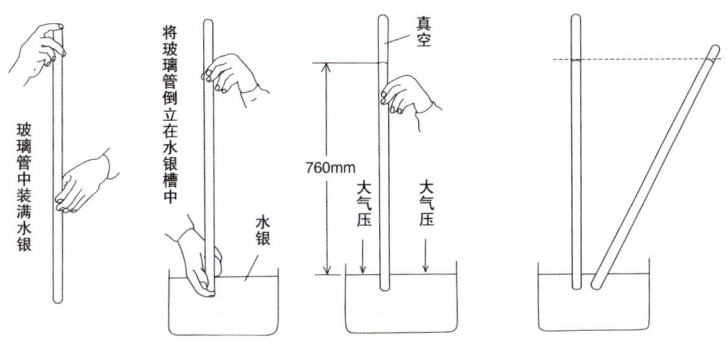

图 2-36　托里拆利的水银柱实验

图 2-37　马德堡半球实验

证明了大气压不仅存在，而且压力还很大。

　　大气压除了随海拔高度升高而按指数律递减外，还与大气温度相关，一年中冬季比夏季高。许多人入藏旅游选择夏季，认为夏季氧气充足，其实不正确。夏季、冬季空气中的氧气含量是一样的，决定人是否缺氧的主要因素是气压高低。事实上，西藏冬季气压比夏季高，理性选择更安全、更经济实惠的旅游季节是冬季而不是夏季。当然夏季植被好，湿度高，活水多，负氧离子高，空气质量好于冬季，孩子放暑假，家长休年假，选择夏季也有合理之处。但是，不能因为空气质量好，就忽视空气数量更少。西藏一年四季空气稀薄，"高反"不分季节。

气压高低还与阴晴有关。平日里的气压，晴天比阴天高。1643年，托里拆利进行水银柱试验时就发现了。试验的第一天晴天，水银柱高度是30英寸（76.2厘米）。第二天，风雨交加，雨点敲打着窗子，水银柱只上升到29英寸（73.66厘米），再也上不去了。我们在现实生活中也常碰到，一到阴天，老人感觉胸闷憋气就是因为气压低了。此外，气压在一天当中也有一个最高值和最低值，分别出现在9～10点和15～16点，变化幅度较小，不再赘述。

呼吸的物理学分析　将道尔顿分压定律原理进一步应用于解释人在高原缺氧问题上，我发现用"氧量=压力×浓度"的关系，更通俗易懂。

氧量，即人体氧消耗量，基本上是不能变的。变小导致缺氧，严重的会窒息；变大导致醉氧，严重的会氧中毒。氧量因人而异。平静状态下，与人的身高、胖瘦，即"块头"有关。一般来说氧量对应肺活量，多大的肺活量支撑多大"块头"和运动量的躯体。大人比小孩大，大"块头"比瘦小者大。矮个子运动员，也许比大"块头"普通人的肺活量还大。剧烈运动起来人的氧消耗量可以大过平静状态下的5倍，甚至10倍以上。

压力，特指肺腔气压（压强）。在平原，采用普通呼吸方式，肺腔气压与外界环境气压基本一致，称气压不会有歧义。而在高原，当采用深度腹式呼吸时，肺腔内气压必须由人工控制增强，即呼吸肌群收缩引起膈肌快速收缩，产生明显大于环境气压的压力（压强），类似汽车发动机涡轮增压。而且，当采用辅助增压时，无论选择医用高压氧舱或民用微压氧舱，肺腔气压都高于平原时的1个大气压。因此称压力（压强）更直白、清晰、明确。

浓度，指吸入肺泡内部的氧浓度，在平原，自主呼吸时，这一浓度与外界空气中氧的体积浓度是一致的；而在高原，以拉萨为例，辅助吸氧（平压富氧）时，吸入肺泡内部的氧浓度必须高于外界环境3.5～4个百分点，才能防人体缺氧。如前面提到的拉萨贡嘎机场的西藏航空公司空乘人员休息房

 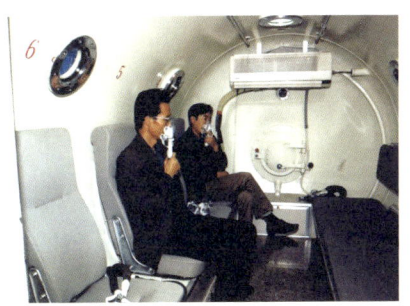

图 2-38 氧舱

注：（左）民用微压氧舱；（右）医用高压氧舱。

间，氧气的体积浓度设定在下限 24.5% 与上限 25% 之间。

三个参数中，氧量是不变量，压力和浓度是变量，成反比关系。在高原空气稀薄、外界气压低的环境下，要想保证人体氧消耗量不低，既可以人为提高肺腔气压，也可以人为提高肺泡内氧浓度，或两种措施兼用，使得参与肺循环的氧分子数量增加，以满足生理需求。

一天少吸十斤空气

人每天吃饭、喝水和呼吸，分别摄入食物、水和空气三类物质，哪种质量最多呢？答案是空气！而且摄入空气的总量是餐、饮总量的好几倍。你很可能感觉惊讶！但这是事实。计算过程如下：

人一天的平均饮食总量为 3～5 千克（参见《中国居民膳食指南（2016）》）。而一个成年人平和呼吸，每次呼吸肺通气量为 400～600 毫升，按 500 毫升计算（参见《生理学》），呼吸频率为 16～20 次 / 分钟，按 18 次 / 分钟计算，一天可吸入空气 12.96 立方米。人在平原，根据空气密度 1.293 千克 / 立方米可计算出空气质量为 16.8 千克。在拉萨，空气密度降为 0.84 千克 / 立方米，空气体积量不变，呼吸空气的质量为 10.9 千克，减幅为 35%。实际情况，人在高原呼吸频率不自觉加快、程度加深，有可能减幅只有 20%～30%，相差 5 千克左右，即少吸 10 斤空气！约占在平原的 1/3～1/4。这就是人在高原缺氧的物质事实。

人类生存，既要重视"食疗"，管控餐、饮的数量和质量，更要重视"睡疗"，管控好睡眠的数量、质量，管控好睡眠过程中摄入空气的数量和质量。

人体缺氧与缺水、缺食、缺衣一样，都是大自然对人生存的考验。面对口渴、饥饿和寒冷，人类已熟练掌握喝水、吃饭和御寒的方法，不让口渴、饥饿和冻人的事情持续发生。然而面对"每天少吸 10 斤空气"、几乎缺少了 1/3 数量氧的问题，由于感觉不明显，却选择被动忍受，听之任之，任由缺氧损害持续发生。许多人误以为，感觉不到缺氧，缺氧就不存在，身体就不受损伤，或者时间长了就会慢慢适应了，这其实大错特错！

长年累月地供氧不足或缺氧，一天一点地量变，身体不会变好，只会变坏。如果身体使用强度较大，某一天还会发生器质性病变。这是受辩证法"量变质变规律"控制的，谁也违背不了。《青藏铁路》科学技术卷·卫生保障篇"监护周期"相关内容记载："青藏铁路西格段工程曾测定海拔 4340m 工地 163 名参建人员进驻高原前后心脏变化情况，4 个月时心电图异常人数明显增加，表现为心电轴右偏，右室肥厚，不完全右束支传导阻滞，肺动脉高压明显，血红蛋白值和红细胞数也明显增加。返回 2800m 驻地后追踪观察发现，心电图恢复正常，随时间呈渐进式上升，6 个月恢复率可达 94% 以上。"

援藏干部来自五湖四海，在空气稀薄的青藏高原面前，方言、餐饮习惯差异统统变得次要，营"氧"不足影响生存，成为人在高原生存的主要矛盾。将平原生活经验简单搬到高原，或将短期在西藏待过的经验直接套用于长期援藏，不适用。

人在平原不会发生"高原缺氧"，但仍可能"缺氧"。绝大多数会是病理性缺氧，也称等张性缺氧，即吸入空气的氧分压正常，但体内氧运输不畅或肌体接收不了。按致因可分为血液性缺氧、呼吸性缺氧，症结分别在血液循环系统和呼吸系统，可查明原因对症解决。极少数是吸入一氧化碳引起中毒而缺氧。一氧化碳与血红蛋白的亲和力比氧要高200倍以上，亲和后不易分离，阻碍了血红蛋白与氧的结合，造成人体严重缺氧，甚至死亡。

人在高原缺氧主要是环境性缺氧，也称低张性缺氧、乏氧性缺氧，是大气压低导致吸入肺腔的气体氧分压低造成的。环境性缺氧与病理性缺氧不同因可同果，无论短期严重缺氧或长期轻度缺氧都会使人体受到伤害。短期严重缺氧会危及生命自不必说。如果长期轻度缺氧身体可出现以下改变：

一方面，能量代谢放缓，生物酶活性受到抑制，ATP生成减少，能量供应不足，人刚上高原或驱车旅行中途在山口下车时，脚下"踩棉花"的感觉就是机体缺少能量，没力气；如果免疫系统缺氧，免疫力下降，身体抵抗力变差，挡不住外界病菌或病毒侵入，容易罹患传染病；如果神经系统缺氧，感觉不灵敏，人会变得迟钝；如果大脑缺氧，记忆力变差，运转速度变慢，人变呆傻，运动和语言功能都有可能受损。

另一方面，缺氧导致代谢过程中产生的大量酸性物质滞积起来，容易发生代谢性酸中毒，表现为恶心、呕吐、头昏、心慌，严重的时候会嗜睡，甚至昏迷，还可并发高钾血症，严重者可致心脏骤停。慢性缺氧相当于长期不排毒或长期排毒不畅，会引发多种病变。

空军航空医学研究所生理专家对人体缺氧的结论是：整体上，能量缺少致使疲乏无力；器官上，生理代偿致使急促心悸；组织上，氧合受限致使紫绀晦暗；细胞上，钠钾泵弱致使细胞膜离子的通透性增高、细胞水肿、细胞损伤；分子上，细胞膜内外的电子传导障碍致使ATP生成受到抑制。

人在高原缺氧

整体上，能量缺少，疲乏无力；

器官上，生理代偿，急促心悸；

组织上，氧合受限，紫绀晦暗；

细胞上，钠钾泵弱，运输抑制；

分子上，电子传障，产能受抑。

——资料来源：空军航空医学研究所

我们来援藏，承担的工作量并未减轻，甚至会因为开动脑筋、跋山涉水使脑力、体力消耗增大，氧气需求量不减反增，但外部氧供应反而悄然无声地平均减少4成！如果不应对或应对方法不当，就会营"氧"不良，给生命安全和身体健康带来不良影响。援藏人员要高度重视，不可小觑。

援藏干部解决缺氧可以选择短期离开高原，到平原培训、出差、休假。好比战士在寒冷的野外执勤，回营地取暖、补给养，但更正确的选择是执勤过程中穿着本质抗寒的冬装，不能穿着不抗寒的冬装，依靠不停地回营地取暖，那还怎么执勤？人在高原应该尽量远离缺氧，不应攀比谁在高原更耐受缺氧，千万不能把老西藏精神[1]中的"特别能忍耐"理解成忍耐缺氧！人在高原不注意防止缺氧，反而寻找机会到平原躲缺氧，这是苦行僧加逃跑主义。我们在此不花时间讨论援藏干部长期不在藏的情况，我们研究解决援藏干部在高原缺氧难题，研究人如何在高原高质量生存。

"低压""缺氧"是一回事　气压大小与物质含量多少是两个物理概念，但反映在人身上可以看成是一回事：低压是外部环境空气物质缺少，缺氧是人体内氧物质不足。人可以生存的高原，其低气压远远没有到达物理伤害人的程度。

对人体而言，低气压带来的主要变化就是缺氧，缺氧对人体生理有全面伤害，对人体物理的影响如果有的话也微乎其微。地球范围内从大海边到珠穆朗玛峰峰顶，气压变化对人类身体的物理影响都是在安全范围内的。居住在大海边的人登上"珠峰"，再从"珠峰"回到大海边居住已常见，8848

---

[1]　老西藏精神，是"特别能吃苦、特别能战斗、特别能忍耐、特别能团结、特别能奉献"的精神。传承老西藏精神，融入新的时代内涵是"特别讲政治、特别能创新、特别能吃苦、特别能担当、特别能贡献"。

图 2-39　矿泉水瓶

注：拧紧盖子的空瓶从拉萨回到北京，因外界气压升高而被压瘪。

米并未达到能引起物理伤害的高度。2018 年 5 月 14 日川航 3U8633 航班突然失压时的海拔高度为 9754 米，机上人员尤其是机组人员受寒、受风、受缺氧，但并未受物理变形伤害。那样的高度有两个，一个是海拔 15200 米，接近 2 个珠峰的高度，大气维持生命的供氧作用消失，同无氧的宇宙空间已无差别，但是仍可以通过压缩极稀薄空气的办法给航空器增压，人类在这个高度必须穿着加压服才能生存。另一个是海拔 25000 米，在这个高度靠压缩外界大气的办法维持给航空器增压的办法也失效了，可视为宇宙空间的起点，人类在这个高度必须穿着宇航服才能生存。地球上有常住居民的最高海拔高度是 5370 米，人类是缓慢迁徙、到达的，物理影响即使有也是极轻微的。大气对人体而言内外联通，像水对鱼一样。有援友开玩笑地问过，到了西藏眼睛会变大？也许吧。毕竟眼球是人体内独立密闭的充满液态物质的器官，与外界的联通比消化道要缓慢得多，在西藏短时间内也许会发生微小形变，本人没有专门研究过。不过，平原的"小眼睛"们企图上高原让眼睛变大，高原的"大胖子"们妄想到平原减肥，常识告诉我们，那都是不可能的！

图 2-40　真空包装零食

注：封装食物从北京带到拉萨，因外界气压降低而膨胀。

对于军机飞行员而言可不是一回事　当减压速度和减压程度超过限度时，低压直接伤害体内组织和细胞的情况会发生。这种极端情况称为"高空减压病"。

发生条件是：在极短时间，暴露在海拔8000米以上，停留一段时间。

发生机制是：体内溶解的氮气因压差迅速增大而出现过饱和，逸出形成气泡，气泡在组织或体液中分布或聚集在某一部位，很难进入血液循环系统经呼吸排出体外，从而压迫神经或阻塞血管。

产生症状是：皮肤刺痛或瘙痒，咳嗽或胸痛，严重的可影响中枢神经，甚至发生休克。

美国，20世纪80年代一架空军战术飞机发生座舱泄漏事故，一名飞行员在8534米高度上暴露了30分钟。落地后立刻接受相关治疗，但是仍然无法阻止减压病迅速恶化。"该名飞行员从胸骨下疼痛发展到呼吸困难，出现类似癫痫的症状和活动反应，血压剧烈下降，最后出现严重心室颤动，着陆后7小时死亡。尸体解剖发现，飞行员的肺部出现了大量的积液，肺中度充血、水肿，直接的死亡原因是肺水肿阻碍了左心静脉的回流。"（引自《飞机毫发无损落地，飞行员不治身亡》）

中国，"患者，男，36岁，轰-6飞机飞行员，身高170cm，体重70kg。起飞20min后升至12000m（增压密封舱内相当4500m），下降过程中右膝关节疼痛，不能伸展，全身皮肤发痒，心情烦躁。后送院诊断为高空减压症。"这篇发表在《中华航空医学杂志》1991年第2期的报道还写到：

图 2-41　美军战斗机

"在这样低的高度上发生高空减压症国内未见报道。经检查，座舱密封性好，压力调节器工作正常，同舱的其他 3 名飞行人员均无不适。"

可见，高空减压症职业飞行员都极少遇到，援藏干部几乎没有可能遇到。因此，不必太过关注低气压对人体的物理伤害，而应把注意力集中在缺氧对人体的生理伤害上。

关于生理爬坡　每个人每次上高原都要经历生理爬坡，涉及坡度、速度和时长。爬坡坡度是身体的初始缺氧程度，缺氧程度越严重好比坡度越陡，相反则平缓。初始缺氧程度与身体基础条件和本次上高原前的身体健康状况有关，如此前几天的睡眠质量好坏，是否患着感冒等。严重失眠、感冒者不建议入藏就是这个原因。爬坡速度是身体红细胞的生长速度，生长得快爬坡速度就快，相反则慢，这取决于个人的生理能力。一般而言，身体越好，有氧能力越强，新陈代谢越好，身体红细胞的生长速度越快，爬坡速度越快。

有种说法，身体越好的越容易出问题，身体不怎么好的反而没事。我没有发现这种规律。从我们在藏踢足球的群体看，还是身体好的好，身体差的差。高原反应大小和感觉强弱不是一件事，表现不强烈的不代表反应不大。爬坡时长从1天到1周不等，其中开头几小时、12小时或24小时等是生理过"坎儿"时段，不同年龄、不同健康状况的人不等。在爬坡过"坎儿"最艰难的时刻，你要帮助你的身体渡过难关，而不能雪上加霜，增添负担，不要加大疲劳程度，喝酒、洗澡、继续上更高海拔地等。

安全可控爬坡 在爬坡时段应当有意识地避免冒险，急速前行，保持不病倒。一般处理得好，3天，最多1周，体内红细胞升高了，缺氧症状就会相对减轻，相当于过了"坎儿"，爬上了安全平台。如果初始坡度陡，又配速过快，如旅途疲劳本已严重，洗澡时间还过长，水温过高，或者刚上去就加班、不午休，或者午休和夜间睡眠时不吸氧，尤其是当身体出现不适症状时，不去主动识别风险，采取辅助措施帮助身体，马上停止一切体力消耗就地休息、立即补充吸氧、躺进微压氧舱等，而是冒险前进，则很容易爬坡不成功，造成身体滑坡。一旦身体滑坡，缺氧转为疾病，"病来如山倒"可能会带来生命危险，尤以转为肺水肿和脑水肿最危险。这时候，最难得的是头脑清醒，接受被送进医院的安排，接受中断高原行、下撤回平原的决定。

不要被动爬坡 没有主动防护办法，不如不来爬坡。被动爬坡是自找苦吃，遇到危险只有听天由命，对缺氧后果不能自主控制，一旦出危险不得不采取应急措施，甚至救命措施。这就把正常入藏变成了冒险行动了。不赞成这样行事！应当主动地控制爬坡坡度、爬坡速度、坡道长度等，把人在高原缺氧问题放在临床之前的预防阶段加以解决，使用我主张的"两句话"方法，主动地减少或消除缺氧，不让缺氧诱发疾病，"治未病，不治已病"。一旦有了一两次这种主动地有意识地控制成功，你会忽然觉得豁然开朗，在高原生活完全是另外一种情形。有人说，除了缺氧，西藏一切都好，我们就不缺氧地体会一下吧。

关于生理习服　与平原相比，拉萨的大气压比平原降低35%，单位体积中空气物质少35%。同样，西藏不同海拔高度地区的空气物质比平原也有不同程度的减少，如阿里狮泉河少41%，那曲镇少44%，双湖县城少50%，普玛江塘乡少54%，珠穆朗玛峰峰顶少73%。随着海拔高度升高，外界提供的空气越来越稀薄，这是供给侧不足。

需求侧——身体会产生一定习服以应对氧气的供给不足。习服是一种可逆的生理现象，人体为了能够适应新环境，如高温、低氧、失重、高压等而产生的一系列适应性改变。低氧习服是身体在外界供氧不足情况下缓解体内缺氧的生理反应，到了气压正常、供氧充足地区又会逆反还原。

人体不是机器，是有血有肉的生命，对生存环境恶变不会束手就擒，在上述地区摄取氧不会顺从地、等比例地减少35%、41%、44%、50%、54%、73%，而是会自主地采取两方面措施加以应对：外在的应对是加大呼吸强度，包括增加呼吸频率和加深呼吸深度，即快喘气、喘大气，以增加进气量。内在的应对是动员体内红细胞迅速增生，动员的办法是缺氧刺激骨髓促进红细胞增殖，增加血红蛋白的生成，组成更多的血红蛋白，促使血液中的红细胞代偿性增多，提高携氧能力，提高现有氧供不足条件下的氧率。机体对持续性的低氧刺激所产生的生理适应性活动过程并达到的生理适应状态，概称为低氧习服。这个生理适应过程就叫习服。低氧习服的效果是：能够消除部分，甚至大部分难受的主观感受，客观上经皮动脉血氧饱和度有较小（或一定）幅度的提升。

短居高原数月至数年，慢性高原缺氧所引起的一些生理改变，不像急性高空缺氧那样在吸入氧气后很快消失，而是在回到平原后经过数日至几周时间才能恢复到原先的水平，这一过程中所产生的一系列症状称为脱适应或醉氧。久居高原，慢性高原缺氧还可引起机体器官和组织形态结构方面的改变，其脱适应周期会更长。2015年我在北京（公主坟的中建材集团）看到过一位在京挂职一年的藏族干部，按规定（在北京工作了11个半月）就要期满回西藏了，但其醉氧的主观感受（无客观指标）仍未消失，他说每天下午还是犯困。

通常认为，通过反阶梯方式，逐渐下降海拔高度，在每个高度上停留数日，可以慢慢脱习服。最近研究表明，返回平原临行前，通过供氧控制和调整吸入气氧分压水平，逐渐调低生理等值高度，也可以减少"习服"或"脱习服"过程的生理反应。

习服快慢因人而异，习服反应有大有小。对于平日里增加辅助吸氧者，习服也许稍慢，但对身体健康更有益。对于不增加辅助吸氧者，习服可能快些，但对身体健康不利，心、脑、肝、脾、肺、胃等所有需氧器官和组织都会发出不同程度的反应或其他不舒服的感觉。更加危险的是，一旦身体难以"适应"低压、低氧环境还会威胁生命。总之，消极地依靠自然习服存在一定的冒险性。

有人会这样联想：既然习服能让身体在一定程度上"适应"环境的低氧，那么增加习服时长，"适应"程度是否同步加深呢？答案是否定的，因为人类"适应"是有限度的。有人认为健康人能够习服地球上所有高海拔（>4500米）高度并长时间生活，这种想法是不符合生理科学规律的。这和生物的进化类似，以鲸鱼重返海洋的进化为例，考古学家发现，在大约5000万年前鲸鱼还是陆生、有蹄哺乳动物，享受着富氧环境，但由于地球食物结构发生变化，海洋中食物剧增，几百万年后这些哺乳动物开始在海洋里生存，经过2000万~3000万年前演化出滤食能力，450万年前才突然变得体积庞大。鲸鱼的进化时长跨越几千万年，而人类的进化历史仅为几百万年。我们必须明白，依靠最早4万年迁徙而来的藏族同胞在高原的生存繁衍，不可能进化出低氧奈何不了的人类，在藏干部几十年、援藏干部三年六载就进化成为地球上的特殊耐缺氧的物种，这不现实、不靠谱！

需要明确，习服低氧是无奈的适应！不是身体"本领"。失重习服对航空航天有利，晕船习服对航海者作业有益。缺氧习服对于人体，说白了是身体无奈的反应，不得不适应的适应，是动员了求生本能的生理反应。而且并不能从根本上消除身体缺氧！只是感觉症状缓解些了。经常听从西藏回来的

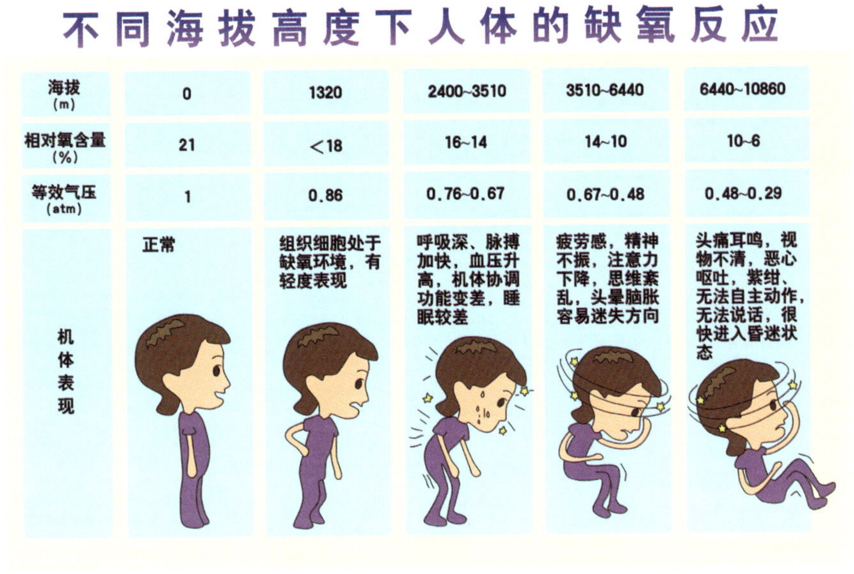

不同海拔高度下人体的缺氧反应

海拔 (m)	0	1320	2400~3510	3510~6440	6440~10860
相对氧含量 (%)	21	<18	16~14	14~10	10~6
等效气压 (atm)	1	0.86	0.76~0.67	0.67~0.48	0.48~0.29
机体表现	正常	组织细胞处于缺氧环境，有轻度表现	呼吸深、脉搏加快，血压升高，机体协调功能变差，睡眠较差	疲劳感，精神不振，注意力下降，思维紊乱，头晕脑胀容易迷失方向	头痛耳鸣，视物不清，恶心呕吐，紫绀、无法自主动作，无法说话，很快进入昏迷状态

图2-42 不同海拔高度下人体的缺氧反应

人说，刚到西藏的第1和第2天头晕、恶心、睡不着，但第3天就没事了，这就是适应过程，但并非"没事"了，不相信请在"没事儿"的第3天测量经皮动脉血氧饱和度，可能比第1天最低时稍高一点，但机体组织器官仍然处于缺氧或供氧不足状态。

《运动生理学》作者Jack Wilmore和Larry Kenney说："当人体暴露于高原环境数天、数周、数月后，机体会逐渐适应氧分压较低的空气环境；但无论他们对高原环境的适应如何良好，也不能完全弥补机体的缺氧状态。即使是在高原生活多年的耐力项目运动员也无法达到平原时的运动能力或VO_2Max（最大摄氧量）。"所以，忽视缺氧问题，问题不会自行解决。

本人援藏期间的主要工作地点是拉萨和那曲，在那里曾经为许多当地人测量经皮动脉血氧饱和度，解读测量值。他们是世居藏族或者汉族"藏二代"，应当是习服者。整体情况是，少数人的经皮动脉血氧饱和度能达到90%多，其中儿童和女性居多。绝大多数成年人为80%多，70%多的也不在少数。即机体供氧不足、缺氧和严重缺氧状态占绝大多数。令人高兴的是，其中模仿我做深度腹式呼吸后几乎所有人的经皮动脉血氧饱和度都迅速提升，接近或超过 95%，达到了不缺氧的水平之上。只是，我知道，我走后他们会放弃这种呼吸训练，经皮动脉血氧饱和度还是会低下去。因为不坚持反复训练，深度腹式呼吸的习惯难以养成，经皮动脉血氧饱和度的不缺氧水平难以保持。

"两句话"防止人在高原缺氧

"两句话"是：身体自由深度腹式呼吸；午、夜静息经鼻吸氧。第一句的意思是白天身体处于行动自由状态时要深度腹式呼吸，第二句的意思是午休和夜晚睡眠时经鼻辅助吸氧。

为加深印象，先看看胸式深呼吸和屏气对经皮动脉血氧饱和度的影响。

如果身在西藏，可做胸式深呼吸试验。方法是：手指戴上脉搏血氧饱和度检测仪，做持续 30 秒钟以上深呼吸。胸式深呼吸就是胸部上提使吸气到最大，再呼气到底，胸部随之恢复原位。大约每 5～6 秒钟吸呼 1 次，只需 5～6 次，经皮动脉血氧饱和度会从较低水平，如 88% 升高到 96%，甚至更高。经皮动脉血氧饱和度虽然升高了，但是不要停，要持续做。也许那曲地区班戈、尼玛、申扎、聂荣、措勤等高海拔县的援友需要坚持 45 秒钟，而双湖县需要接近 1 分钟，但只要认真做，坚定地一呼一吸，均可实现经皮动脉血氧饱和度达到临床不缺氧标准。但停止深呼吸 10 秒钟左右，经皮动脉血氧饱和度又会恢复原值（缺氧或供氧不足状态）。

如果身在平原，可做"屏气 60 秒钟"试验。人在平原经皮动脉血氧饱和度值已经较高，再提升很可能不明显，所以做屏气试验反向降低经皮动脉血氧饱和度。以下是一位志愿者的屏气试验结果，试验者男性，55 岁，北京人，自称会游泳，最擅长屏气。试验地点：北京某餐厅。试验日期：2018 年 7 月。结果表明，在海拔仅几十米的北京城，经皮动脉血氧饱和度为 97%～98% 的成年人，屏住呼吸 1 分钟后，经皮动脉血氧饱和度可低至 74%。恢复正常呼吸 1 分钟左右，经皮动脉血氧饱和度持续上升又恢复到原水平。74% 的经皮动脉

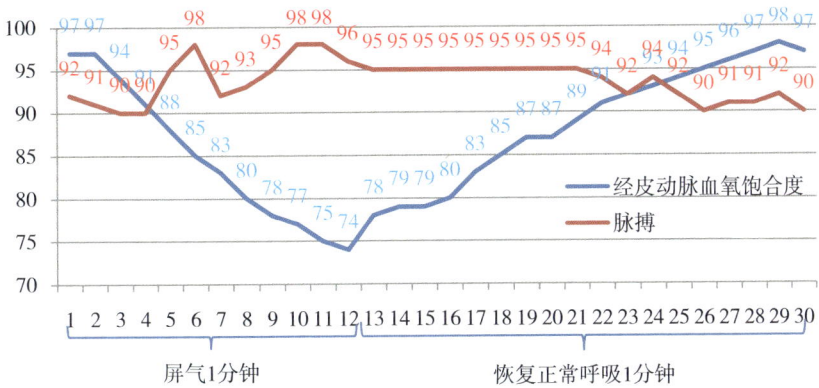

图 2-43　健康人在平原屏气 1 分钟与恢复正常呼吸 1 分钟的经皮动脉血氧饱和度和脉搏的变化

图 2-44　屏气 1 分钟与恢复正常呼吸过程中检测的数据

图 2-45 经皮动脉血氧饱和度

注：2013 年 10 月 31 日作者驻村途中离开那曲镇后翻越 5000 多米高山时的经皮动脉血氧饱和度值。

血氧饱和度与我在那曲驻村途中翻越 5000 多米高山时的缺氧情况接近了，当时我最低到达过 72%。

胸式深呼吸和屏气试验表明：增强或减弱呼吸可带来人体经皮动脉血氧饱和度的剧烈变化。这说明解决人在高原缺氧问题从改变呼吸着手是可行的。"只要路走对了就不怕遥远！"

氧的反常效应 胸式深呼吸以及接下来要学习的深度腹式呼吸，在呼吸过程中有可能出现短暂的头晕、经皮动脉血氧饱和度值不升反降现象，这是正常的，不用慌张，这是发生了"氧的反常效应[1]（oxygen paradox）"。用普通话说就是幸福来得太多、太快，呼吸系统缺氧的警惕性解除得过头了。只要慢慢来，不突然吸入纯氧就不会发生氧的反常效应了，即使发生了，如感觉到眩晕、恶心了，先停一会儿再做就会好。

呼吸性碱中毒 需要特别提醒一下，无论胸式深呼吸还是深度腹式呼吸，深呼吸的频率一定要慢，千万不要过度换气，过度换气会使体内失去二氧化碳太多，血浆 H_2CO_3 浓度或 $PaCO_2$ 原发性减少、pH 升高（>7.45），则会发生呼吸吸性碱中毒，也称低碳酸血症，症状是头晕、苍白、心悸、出冷汗、手脚，甚至口面发麻。曾经有一位西藏大学的学生在色季拉山口（海

---

[1] 氧的反常效应，是严重缺氧的人突然吸入纯氧（或高浓度氧）引起短暂的发作性缺氧症状加重，眩晕、恶心，甚至肌肉抽搐等症状进一步恶化的现象。这是由于突然改吸纯氧时，动脉血氧分压迅速升高，致使缺氧期间赖以维持呼吸、循环功能的化学感受器适宜刺激（低血氧张力）突然被解除，从而反射性地引起肺通气量降低、心动减缓及动脉血压下降等一系列的反应。（引自《中华航天航空医学杂志》）

拔 4728 米）出现这种情况，当时她的同伴不了解情况，错误地给她吸氧。路过的医生发现后，判断是呼吸性碱中毒，要求立即停止吸氧，用纸袋罩住口鼻，增加二氧化碳的摄入，几分钟后患者好转。当然，这种情况比较少见。

第一句话：深度腹式呼吸

先说"吸气鼓腹"，初学者可模拟"闻花香"的动作，闭嘴用鼻子吸气，想象鼻尖碰到花瓣，深深地把"香气"吸入体内，同时鼓起腹，这就是"吸气鼓腹"。要注意，鼓起腹后最好憋住、停一下，再衔接"呼气瘪腹"。呼气瘪腹是在呼气中自然、渐渐地把鼓起的腹部"放下"，恢复到自然位置。这时，最好增加一个小动作：快速地收腹、短促呼一下气。以达到快速提升经皮动脉血氧饱和度的目的。从"吸气鼓腹"到"呼气瘪腹"是一次完整的腹式呼吸循环。只要大家耐心地、呼吸频率比以前习惯稍慢、一次一次地呼吸循环，经皮动脉血氧饱和度就会提升。在拉萨的海拔高度上，经皮动脉血氧饱和度不到半分钟即可显著提升。相比"张口、起伏胸"的深呼吸，深度腹式呼吸自然安静，不会影响工作和生活，也不增大体力消耗，无论开会、聊天，甚至吃饭都可以做，理论上只要不做大的体育运动，都可以做深度腹式呼吸。其中，关键动作"吸鼓"后憋住、停一下和"呼瘪"最后时快速收腹、短促呼一下气，可记为"吸气鼓腹憋住，呼气瘪腹短促"。这可以令经皮动脉血氧饱和度更快地提升，读者可以

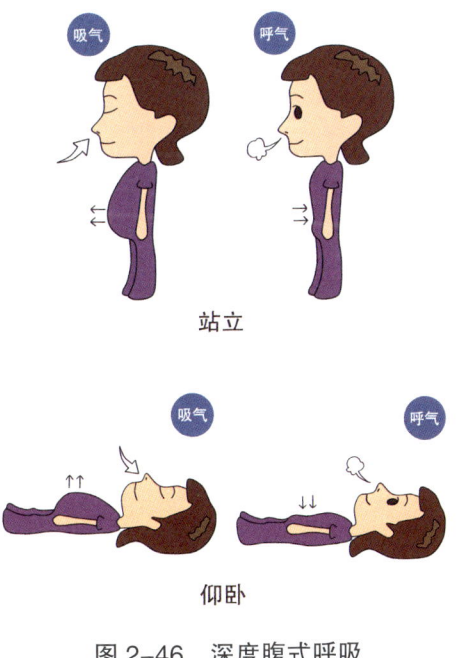

图 2-46 深度腹式呼吸

试验，观察。另外还要注意，深度腹式呼吸，呼吸过程中基本不动胸，不要与胸式呼吸搞混，以免增大体力消耗；其次始终不张口，一直使用鼻子完成呼和吸的动作。

再说"用鼻、闭口"，这是为了保持体腔密闭。如果深度腹式呼吸时张口，做很长时间，经皮动脉血氧饱和度也会提不上去。一天晚上，我与一位援友共转大昭寺。在走回宿舍过程中，发现一奇怪现象，走越快，经皮动脉血氧饱和度越低，无论怎么加大腹式呼吸也提不高。一路上多次测量，经皮动脉血氧饱和度基本在84%左右，心想走路是耗氧运动，无氧不锻炼的观点是正确的。因此，那时我认为晚上绕龙王潭不是锻炼，从氧气角度看，反而是破坏身体，应当龟缩不动。

龟缩不动肯定不对，生命在于运动是"上位法"，科学锻炼和充分休息等是"下位法"，下位法要服从上位法。事实上，我在随后的援藏日子里并未龟缩不动，而是找到了科学方法进行锻炼。如在宿舍里的跑步机上一边吸氧一边跑步，下班后去龙王潭溜弯儿中做深度腹式呼吸。

2014年1月29日的CCTV4《中华医药》节目"呼吸的奥秘"中说：深度腹式呼吸，能够在外界环境气压条件下，吸入更多的空气。腹腔收缩时，膈肌复位，肺腔所在空间缩小，压力增高，能够较多地压出肺泡中的氧分子到血液中，从而提高血氧饱和度。（引自CCTV4《中华医药》）

图2-47　晚上绕龙王潭过程中的经皮动脉血氧饱和度

深度腹式呼吸动作简单，学会容易，难在下决心持续做，更难的是养成习惯，最难的是做到位。做到位的标准是，在高原，无论是开会、在办公室处理公文公务，甚至吃饭聊天，落座后几分钟就能把经皮动脉血氧饱和度调升到95%，花力气很少，看似不动声色，但提升

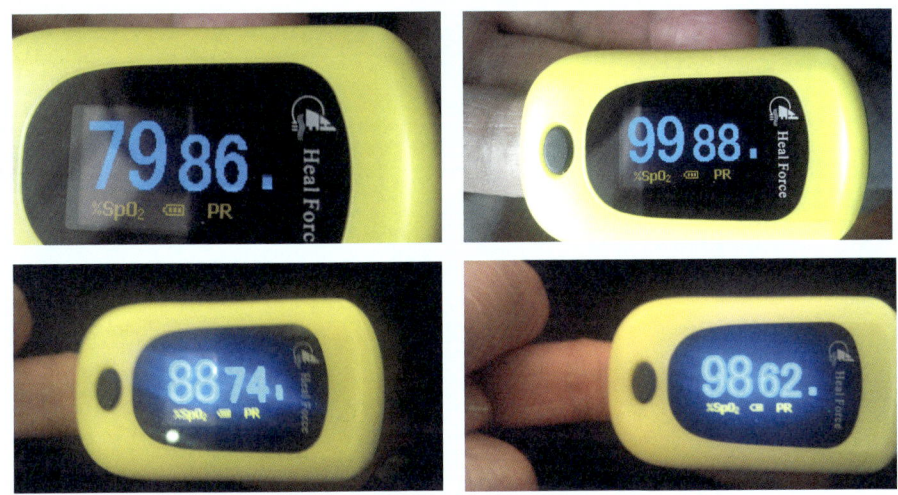

图 2-48　深度腹式呼吸前后对比经皮动脉血氧饱和度

经皮动脉血氧饱和度效果又快又好。我的经验是至少需要超过 1 个月以上的有意识地反复练习，才能养成习惯，所以，我又称之为主动深度腹式呼吸。呼吸之妙存乎于心，呼吸效果见诸手端。中国古代养生术里有一句名言叫做"呼吸到脐，寿与天齐"就是这个道理。至于改善身体运动的灵敏性，有益于大脑和小脑那是附带收益。请援藏干部自己摸索和体会。

深度腹式呼吸类似汽车发动机"涡轮增压"技术（Turbo）。"涡轮增压"技术是发动机排量并未增加，提高进气量使功率增大。深度腹式呼吸是人的肺容量没变，吸气时隔膜下沉，增大潮气量约 300 毫升，呼气时隔膜快速回缩给肺腔增压提高受氧量，使得血氧饱和度得到提升。肺容量是肺中含有的空气量，通常约为 4500 毫升，包括肺活量和残气量两部分。肺活量是潮气量、补吸气量、补呼气量三者之和。潮气量，吸进呼出似潮汐涨落，故名，是平静呼吸时每次的呼吸气量，成年人为 400～600 毫升。补吸气是平静吸气结束后再尽力吸入的最大空气量，平均为 1500 毫升。补呼气量是平静呼气之后再尽力呼出的最大气量，平均也为 1500 毫升。最大的呼气也不能把肺内的气体全部呼出，仍残留有 1000 毫升左右，称为残气量。

天津的一位医生援友认为，深度腹式呼吸是加大了最大通气量 MVV（Maximum Ventilatory Volume），从而提升了血氧饱和度。经认真对比和分析我认为不完全是，深度腹式呼吸还有加压的作用。深呼吸是以加量为主，以最大的努力吸到吸不动、呼到呼不出，调动起肺腔最大的"活量"来增加通气量，以提高血氧饱和度。但是，如果这是在平原，环境气压"默认"是高的，只要增加了入肺气量，"高"气压就可以将更多的氧分子压出肺泡参与肺循环，血液与氧分子结合的就多，连续做几次深呼吸即有可能达到全饱和的 99%。"肺泡通气量"的公式是，每分钟肺泡通气量 =（潮气量－无效腔气量）× 呼吸频率。从公式可看出，减小无效腔，或者加快呼吸频率，均可获得较大通气量，取得上述效果。

但是，在高原不同！高原环境气压"默认"是低的，肺泡里的气压与外界环境一样低。虽然每一次呼吸进入肺泡的空气体积没减少，但进入肺泡的空气物质数量比平原少，拉萨比天津少 35%。因此，氧分子（氧分子在空气中的体积比仍为 21%）被压出肺泡进入毛细血管参与肺循环的数量少，血红蛋白与氧分子结合的就少，血氧饱和度就低，如一般人在拉萨的经皮动脉血氧饱和度为 88%，达不到身体所需的 95% 及以上，因此，人体缺氧。

深度腹式呼吸时，呼吸频率与人在平原时相同，但呼吸深度较深，不仅进气量（体积量）有所增加，更关键的是加大了氧分子物质交换量。因为膈肌回弹时给肺腔增压，相当于外力挤压了肺泡，增加了压出肺泡进入血液的氧分子数量，事实上提高了血氧饱和度。我大胆创造一个专业术语"肺泡通氧量"，对应"肺泡通气量"，是否准确还请专业人士们指教。

我从不反对胸式深呼吸，胸式深呼吸对提高经皮动脉血氧饱和度的功效显而易见，但胸式深呼吸最大的问题是不可持续！人不可能始终胸式深呼吸生活，这违背了呼吸低调、安静的生理特点，会影响人类的工作和生活。胸式深呼吸和打哈欠一样，都只是呼吸的一种调节。胸式深呼吸是人自主调节，打哈欠是生理自发调节，都不能日常使用，是配角。主角的呼吸只能是频率正常、动作不大的自然呼吸，在高原深度腹式呼吸作为主呼吸是不二选择。事实上，练武术内功、练歌唱的人士也都选择深度腹式呼吸。

我援藏期间身边有一位不由自主、接续不断打哈欠的援藏干部，他坚持不吸氧，怎么劝也劝不动。但他打哈欠补氧的效果不佳，经常晚上失眠，过了半夜还在楼下院子里溜达。这表明，打哈欠不能代替深度腹式呼吸，只是自然生理提醒，更不能代替辅助吸氧。请有类似情况的援藏干部尽早转变观念，改为吸氧，听人劝吸饱氧。此外，一定要勤查体，及早跟踪掌握自己器质性病变的进展情况。

经实践检验，深度腹式呼吸是一项人类在高原克服身体缺氧的实用方法。深度腹式呼吸操作并不困难，但生活习惯的改变是难的。

改变习惯必须通过自己的实践认识到问题的重要性之后，或者是看到其他人做了以后变得更好，有时要经历痛苦。许多家长都有扳孩子左手写字的记忆，或者自己被家长扳过。改很痛苦，但家长认定"不改不行"，训斥加眼泪，几天就改了，负作用和后果不计。其实这是家长出了问题让孩子吃药。如果想免受此痛苦，应当在早期，与孩子坐在同侧或孩子背后，手把手教孩子用右手写字。如果开始那几分钟、那几次没管，或坐在对侧进行镜面示范，到后来发现孩子已经养成了左手习惯，就没有太大必要再去扳了。细想想，哪里来的不改不行的道理？左手写字难道不行吗？万一班主任老师就是左撇子呢？我遇到过一位左手写字的女孩，是一名出纳，字写得工整，速度也不慢，尤其阿拉伯数字写得很漂亮。硬改孩子的初始习惯会影响自由生长。自由生长、独立成长，比左右手重要得多。不过这样的家长往往是只扳写字不管其他，许多写字被扳的孩子保留着左手使筷子、用剪刀、切菜等习惯。这说明家长不是在所有方面不让你自由生长，而是不让你任意野蛮生长。可怜天下父母心吧！

2014年上半年，我在那曲驻村期间，用了40多天时间，天天有意练习，恢复并养成了深度腹式呼吸习惯。开会、驾车、乘机出差各种场合，包括回到平原地区，当身体有不适感觉时，会不由自主地深度腹式呼吸。仅就呼吸动作而言，没有任何生理上的不适，只是一开始练习有点不习惯，做起来稍微费点力气。可是为了增加氧气摄入量，费点力气，改变习惯是值得的。援藏干部至少应当做做试验，对比付出与收获，自行评估利弊作出决策，是否应该随着生存环境变化，选择性地改变行为习惯。

为说明道理，我在撰写本书的同时，从 2016 年 11 月起改左手用筷子，挑战我自己一项 50 年养成的生活习惯，3 个月取得了成功，并坚持至今。

开头 5 ~ 10 天是初始化阶段，主要是纠正动作。动作要领我自己归纳为三句话："尖尖碰尖尖，中指在中间，后面要打开"，在一双筷子的头、中、尾三个部位加以规范。含义是筷子头要戳齐；中指夹在两根筷子之间露出一点点，起到支点作用，既不缺位也不越位；筷子尾部两根要分开，搭在食指掌指关节两边，保持 1 ~ 2 厘米的距离。使用过程中还要注意克服两根筷子筷身不平行问题，防止扭动、交叉。这期间"举轻也重"，夹一粒花生米手都累。中间 1 ~ 2 个月是熟练期，与心理抗拒作斗争，总想换回右手。坚持满 2 个月时已"举重若轻"，轻松夹起半根黄瓜蘸酱，慢些也可以夹起一个整粽子。不过胸前有热汤时最好换回右手，防风险意识不能丢。3 个月之后进入自然期，"举轻若轻"。偶尔也会用右手，但使用左手已经不反感，左手右手已成朋友，互相帮助，互不嫉妒。现在嘛，不用左手反倒不习惯了。

换手用筷子的体会：一是动作是否协调是系统问题，不仅仅是左手能力问题，更在于与身体其他部位的配合联动。这种配合联动真的很了不起，不换手不知道，人类一项一项生活技能，写字、打字、雕刻、刷牙和各项体育技能实际上都是人体多系统的配合联动。二是左手右手可以同样好，无本质区别。

发现变化的亲朋好友都问我是不是预防阿尔茨海默病？我直说主要是为了推行深度腹式呼吸，让人在高原不缺氧。他们会追问这两者之间有什么关系？我的回答是，一般大家对左手或者右手用筷子完成吃饭这项工作没有差别这一点是认同的,我想以此类推说明深度腹式呼吸与日常呼吸不过是不同的两种呼吸习惯,从完成呼吸工作来讲,两者也没有什么差别,大家容易接受。结果是深度腹式呼吸增加氧气摄入量,换来了人在空气稀薄地区不缺氧或少缺氧,好比传说中左撇子更聪明一点。

不过,换手用筷子后要达到原手那样随心所欲程度,必须要超过1年时间持续使用,因为除了熟练以外,小肌肉力量要增加,这需要长期锻炼。

呼吸是人类最基础的生理习惯、下意识的运动。腹式呼吸与胸式呼吸本质上没什么区别,都是呼吸运动,好比吃饭下意识拿起筷子,写字下意识拿起笔,不会拿之前去想用左手还是用右手,都是依着习惯做动作。成年人站姿多是胸式呼吸,坐姿,尤其平躺很可能是腹式呼吸,呼吸方式自然切换并不影响生理功能。右手者千万不能以为左撇子比自己别扭。C罗和梅西,一个右脚选手一个左脚选手,踢球同样优秀。从2015年3月起,我凡参加自治区会议时都做深度腹式呼吸并一边测经皮动脉血氧饱和度一边照相取证。每张照片包含三要素:我的名字或单位名称、会议名称、经皮动脉血氧饱和度值。援藏结束后我将几十张照片汇集起来作了大数据统计,结果经皮动脉血氧饱和度平均值为95.56%,从另一个侧面支撑我的观点:人在高原可以不缺氧。

2016年8月我的援藏临近结束时(第七批已于7月31日到期),我的深度腹式呼吸已臻成熟。8月2日我参加自治区政府藏博会组委会招商引资会,在会议室我悄然录制了超过1分钟以上的视频,经皮动脉血氧饱和度始终保持95%以上,虽然仅是不缺氧的下限,但头脑清醒,参会质量高。这样的视频我保留有两段。

科学必须具有可重复验证、可证伪、不自相矛盾的特点。当不同的脉搏血氧饱和度检测仪在高原同一海拔空间为同一人反复测试得出相同结论,当相同的脉搏血氧饱和度检测仪在不同海拔空间为不同人无限次对比测试得出相同结论,当援藏干部援藏期间大部分时间保持经皮动脉血氧饱和度较

图 2-49 深度腹式呼吸后的经皮动脉血氧饱和度

注：2016年3月2日，参加援藏干部第六次领队座谈会深度腹式呼吸过程中经皮动脉血氧饱和度。

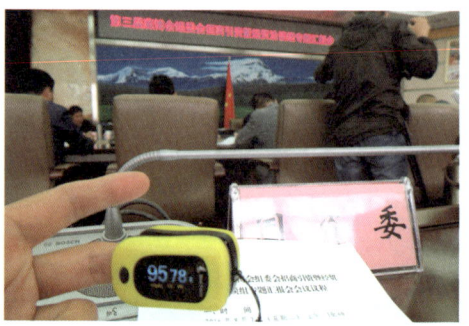

图 2-50 工作期间坚持深度腹式呼吸的成果

2016年8月2日，参加自治区第三届藏博会筹备会深度腹式呼吸过程中经皮动脉血氧饱和度。

高，回到北京接连体检3年未发现器质性病变。那么，就可以在一定范围和一定程度上证明人在高原可以不"缺氧"是科学结论。我期盼"样本"数量增加，有更多的在藏人员参加试验。

解决人缺氧问题，不用什么灵丹妙药，也没有什么灵丹妙药。缺氧补氧，从呼吸道补氧，人就可以不缺氧。高原低压环境，我们无法大规模改变，只可以小范围改变，但可以立刻改变自己的呼吸习惯和养成辅助吸氧习惯，这并不难！

2016年7月25日，我回到北京列席中央第八批援藏干部培训会结业式。当时我3年援藏即将结束，对于克服"高反"积累了较多经验，对于解决人在高原缺氧问题充满了信心。我发言："现在条件在逐渐改善、认识在不断进步，老西藏精神也需要与时俱进、赋予新时代科学内涵。特别能忍耐，绝不再是要求人无端忍受缺氧考验，而应当创新思维，利用科技手段，确保自身健康安全。以科学援藏精神，实现援藏科学目的。"援藏干部不能因为无人提醒，没人教，来到了生存不易的地方就不会求生图存，必须拿起科学武器，用科学理论武装头脑，用科学手段保护身体。

| 第二章 | 生存——西藏是检验身体的地方

　　1590年，伽利略（1564年2月15日—1642年1月8日，意大利数学家、物理学家、天文学家，科学革命的先驱）在比萨斜塔上做了"两个铁球同时落地"的著名试验，从此推翻了亚里士多德"物体下落速度和重量成比例"的学说，纠正了这个持续了2000年之久的错误结论。今天，人在高原缺氧的传统习惯被改变已经有了一些点的突破，希望大家亲自参与、验证，扩大试验样本，纠正一个持续了更久远的错误认识。

　　人在高原可以不缺氧，是近年来物质条件改善和科学认知深化的结果，打破了千年以来人在高原必缺氧的传统，颠覆了许多人特别是世居高原的人的传统认识，这种变化是巨大的，将会为高原带来生活习惯、社会管理、戍边方式、建设规划、产业发展等一系列深远改变。新生事物在普及和被大众接受过程中也很可能带来思想冲突和行为矛盾，甚至闹出20世纪60年代农村刚用上电时老汉打碎灯泡点旱烟袋的笑话来。在自治区党校的一个学习班上，课余时间我教大家做深度腹式呼吸。一位藏族领导说，吸一肚子气不会对身体有影响吧？他一脸严肃地问。我怔了一下，也一脸严肃地回答：报告

图 2-51　作者在新援藏干部培训会上发言

领导,深度腹式呼吸虽然意沉丹田,但空气仍然进肺,不进肚子,回答完毕。在场的许多人都笑了。在答疑解惑中,只要不违背初心,为高原人民带来身体健康,促进西藏社会长治久安,能达成目的,付出点耐心在所不惜。

第二句话:午、夜静息经鼻吸氧

每天午休和晚间睡眠期间持续吸入小流量纯氧就是辅助吸氧。推荐使用经鼻吸氧管(鼻导管、鼻饲管),不建议使用面罩式吸氧器。**吸氧管的佩戴方法**:将吸氧管两个出气孔朝上、小片向下、弯曲面向身体,将出气孔放进鼻中,小片抵住人中穴,双手向后捋氧气管,管分左右分别从耳根下方向上绕过耳后,再从耳尖向前绕下,收于下巴,简称"耳下-后-上-前下"佩戴方法。调整好松紧度后,推上下巴处的防滑圈锁住。这种佩戴方法与医院常用的"戴口罩"式不同,医院那种直接将两根气管斜挂在耳尖上再拉下来绕到下巴前,松松垮垮,鼻子里的出气管随头转动而动,不推荐。

我的方法可使氧管在耳垂前下方,横纵交叉相互摩擦住,相对牢固。同样,脑后无管,可基本保证彻夜吸氧不脱掉,除非睡觉打滚太厉害,或长期不更新吸氧管,吸氧管老化,能在空中"造型"不服帖了才可能脱落。佩戴时要细心一点,顺着管子的弹性稍稍扭动贴到脸颊段,调整好出气孔在

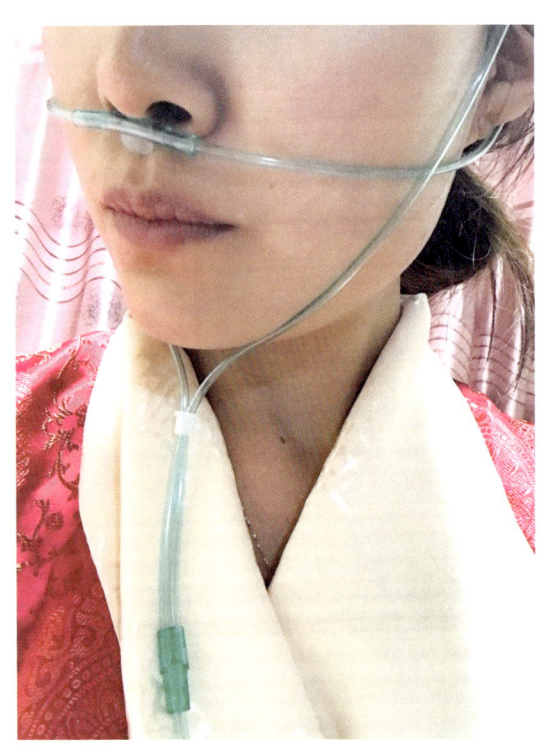

图 2-52 吸氧管不易脱落的佩戴方法

鼻中的角度，不触碰鼻腔，虚置于鼻孔中，更舒服。

吸氧管长度 一般要 4～6 米，甚至 10 米长才够用，这种长度的吸氧管网上可买到，路边商店不一定有。

将钢瓶放置在居室"中心"位置，鼻子上带着一根长长的吸氧管，吃饭、睡觉、洗澡、看电视、上洗手间、下厨、洗衣、凉衣长度都够，都不影响吸氧。不吸时，用架线兵肘部收线法快速收好挂在氧瓶阀门上，吸时自然打开即可，很快就会习惯，习惯后很方便。

吸氧管是消耗品，为了环保建议少更新的做法是买 1～2 根长的、几根短的。长的长期使用，短的短期使用，一般几个月更新一根。是否更新以塑料是否老化，佩带时是否变形为判断标准。

两根管之间的连接可用"直接"，"直接"是一种专门的配件，有的长吸氧管买来的时候自带。需要注意的是，连接管子的中间细径部分时，建议使用弹性橡胶管从两段管的外部连接，如果从内部用"直接"相连，因为管内截面带槽，连接后可能漏气，建议浸入水盆里试一试，像补自行车车胎那样。所需的连接头如果药店买不到可搜"鱼缸氧气泵配件"可淘到。

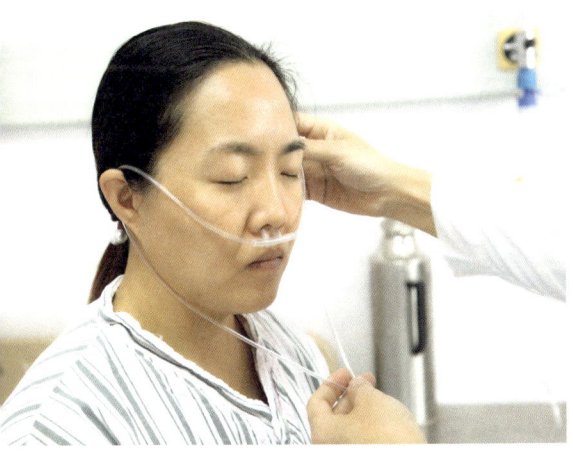

图 2-53 医院常用的"戴口罩"式佩戴方法

图 2-54 已经老化的吸氧管

上述操作看似复杂，其实就是将常见的 1.5 米吸氧管加长，与 1 根 6～10 米的长吸氧管相连，保证连接处不漏气、方便更新即可，整个援藏 3 年只做这一次准备。

面罩式吸氧器多用于急救或短时吸氧，患者无法转头或要求患者不能动。援藏干部是在工作生活中的正常吸氧的人，不是患者，不是接受救护，身体要移动、头也要转动，使用面罩吸氧不方便，时间稍长还要处理呼吸产生的水汽，睡眠中也不方便翻身侧脸。如果必须要使用面罩式的，如打鼾严重者，网上搜"呼吸机配件"可以买到。这时你会惊喜地发现，面罩上已备好了氧管插入口，治打鼾与辅助吸氧可同时完成。

氧气阀门开度　取决于经皮动脉血氧饱和度测量值！不能定死刻度。大约在 1.5 升 / 分的位置，但具体是 1.6 升 / 分还是 1.4 升 / 分因人而异，因瓶而异。

如果购买的氧气罐中的氧气浓度有波动，流量计也不准确，建议以测量

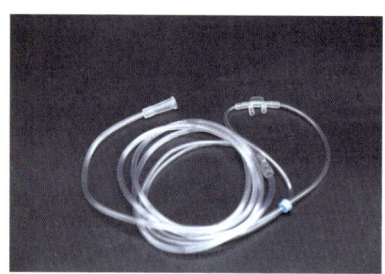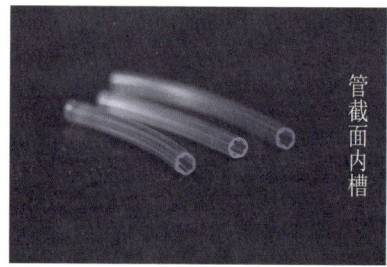

图 2-55　鼻饲吸氧管及管截面

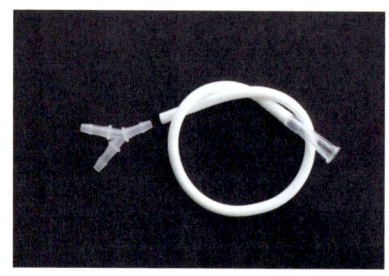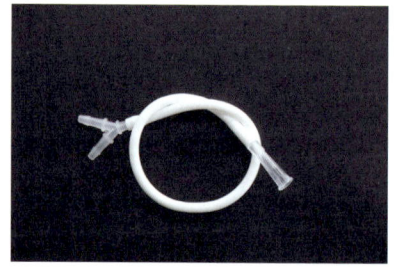

图 2-56　两管外径相连所用的弹性橡胶管

| 第二章 | 生存——西藏是检验身体的地方

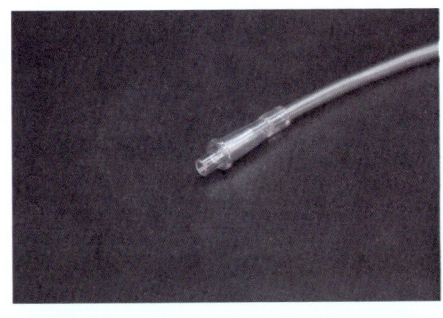
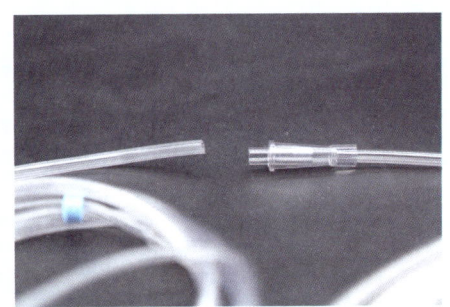
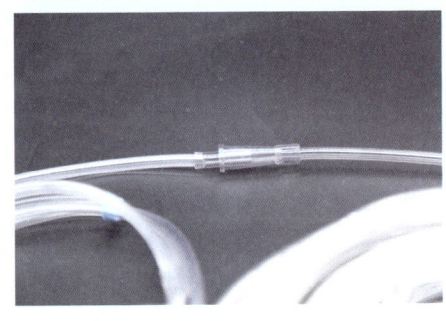

图 2-57 自带"直接"的吸氧管及内连接方式

自己的经皮动脉血氧饱和度较长时间持续在 95%～96% 为准，监测 3～5 分钟。这次之后直到此瓶吸完为止不用再转动流量阀（针阀），每次吸氧时只开闭氧气罐闸阀（瓶顶大阀）。直到换新瓶时再初校 1 次。保证使你的经皮动脉血氧饱和度既不低到 94% 及以下（吸氧了还供氧不足，花了钱还效果不好），又不高到 97% 及以上（高于 97% 以上相当于让身体每天"返回平原"一趟）。而且，辅助吸氧向主动腹式呼吸看齐，经皮动脉血氧饱和度也是控制在 95%～96%，两种措施效果一致，反差不大。

最大的问题是，你可能鹤立鸡群，需要克服"众目睽睽"。当有人说或用眼光说："别人都不吸，就你吸！"时，你能否坚持住。

辅助吸氧的成本 在拉萨，2016 年 40 升罐装医用纯氧市场价为 80 元/瓶，包运到楼下。换罐收费每高一层加收 10 元，即二楼 90 元、三楼 100 元。按每天吸氧 10 小时，其中夜间吸 8 小时、白天 1～2 小时计算，单人每罐可吸 8～10 天，宽打宽算 1 个月消耗 4 罐，需支出 320 元，1 年在藏时间假设 10 个月，需支出 3200 元。

3 年花费 1 万元以内，一般援藏干部都能负担得起，而且是从根本上解决了援藏最大的身体安全问题，很值得投入。

国标规定，40 升罐灌装压力为 14.5～15.0MPa，则：氧气量 40 升 ×15MPa=6 标方。人每次呼吸气量为 400～600 毫升，呼吸频率 16～20 次／分，取 500 毫升、15 次／分计算，每 10 小时呼吸气量 500 毫升 ×15 次 ×60 分钟 ×10=4.5 立方米，氧气量占 1/7，则耗氧量为 0.63 立方，吸 8～10 天恰好对应 6 标方。

制氧成本十分低廉，大型制氧厂每标方氧气仅几毛钱，加上充氧（压入瓶）费 1 块钱左右。40 升罐灌装 15MPa 氧气，应该不到 10 块钱，售价 80 元，多数是运输成本、门脸租金、钢瓶折旧和经营利润。西藏供氧产业深耕细作，空间巨大。

拉萨市场台式制氧机供应充足，单人使用一般要购买流量为 3 升的，价格在 4000～5000 元及以上的，因为要考虑空气原料稀薄的问题，低于这个价格的机器可能功率不足，能在平原使用，而在高原出氧浓度不合格或者不耐用。国家标准规定新机出厂时氧浓度必须≥90%，＜82% 时，必须更换分子筛。但实际上多数是"一槽烂"，售后保养管理很难到位，个人购买的，援藏结束时不会带回家，后续援藏干部很少接着用，单位批量购置的最后的

图 2-58　自己动手灌氧气

注：40 升氧罐经"氧桥"灌入 10 升氧罐中。

下场是变成电子垃圾。2015年8月自治区成立50周年大庆筹备时,从某饭店一次检测出几百台制氧浓度不达标的制氧机,被强制淘汰了。当初是按照该饭店客房数量购置的,检测时已失效很久了,一直未安排更换分子筛。

所以,建议使用瓶装氧,方便、可靠、经济、环保。

援藏3年多我坚持吸氧,总体感觉身体比援藏前改善了。不仅支撑了我较高负荷的工作,而且多年的失眠彻底治愈了,腰椎疼痛的老毛病根除了。虽然年龄又长了3岁,身体没有变得更强壮,但仍然能够保持像援藏前一样,每周踢一场足球,体力不减当年,令我十分欣慰!而其他有些援友,据我所知,连维持原状都难以做到。

2016年9月27日,结束援藏后18天,我参加单位年度体检,"超声所见:肝胆胰脾双肾未见明显异常"。2017年、2018年的体检结果相同。

做B超时,医生让我吸气,我鼓起小腹,医生说,"不对,反了!"是的,

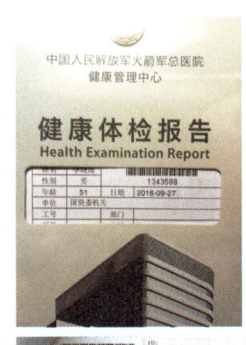
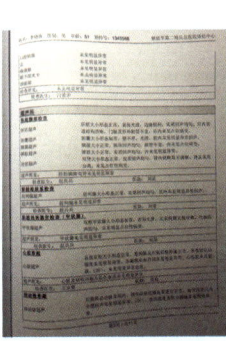

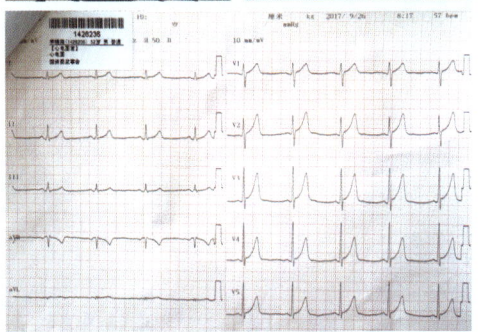

图 2-59　体检报告　　　　　　图 2-60　驻村支教

我做深度腹式呼吸已成下意识了，一吸气，小腹就鼓起来。我特地向医生说明我是援藏干部，刚刚结束援藏，希望仔细检查心脏二尖瓣、三尖瓣是否存在反流。检查结果："各房室腔大小形态正常。室间隔及左室后壁厚度正常，各室壁运动幅度未见明显异常。各瓣膜形态启闭未见明显异常。心包腔未见积液，CDFI（彩色多普勒血流图）：未见明显异常血流。"这个结果令我十分满意！消除了我的一丝担忧。因为我驻村时，带着孩子们踢过一阵子足球。对此我一直没有把握，是否把心脏累坏了。

"时吸时不吸"缓解缺氧效果更好

2010年，空军航空医学研究所接受西藏航空筹建办委托，深入开展过为预防急进高原人员缺氧的高原缺氧防护动物实验，模拟海拔6000米高原对比平原，给白鼠吸入不同富浓度氧气和变换供氧方式。肺组织病理切片显示，富氧吸入能够有效预防急性缺氧白鼠高原肺水肿，同时发现，间断供给富氧气体防护效果更好。

空军航空医学研究所继续开展"人体"实验。在海拔3500米，建立（6米×5米×3米）高原富氧室，富氧浓度25%，测试6人进入富氧室前后，并对比他们在平原时的生理反应，观察睡眠质量。结果：从平原、高原富氧到高原缺氧，人员SaO_2（动脉血氧饱和度）逐渐降低，心率逐渐升高；浅睡比率、低通气次数和呼吸紊乱指数逐渐升高，深睡比率降低。

通过反复实验研究，首次提出昼夜交替间歇用富氧可有效预防和减轻高原反应、对人体有益的重要观点，从生理学角度为高原富氧技术的推广应用提供了科学依据，我的援藏实践与之高度吻合。

如前所述，人在高原无论如何做不到每天、每时、每刻不缺氧，那样吹毛求疵没有必要，我们要的是解决问题！我本人大体上是从全天10～12个小时不缺氧，直到结束援藏前3～4个月，单位配给办公用氧后，逐步达到16小时以上不缺氧。我体会最关键、最核心的是夜晚睡眠不缺氧，身体能

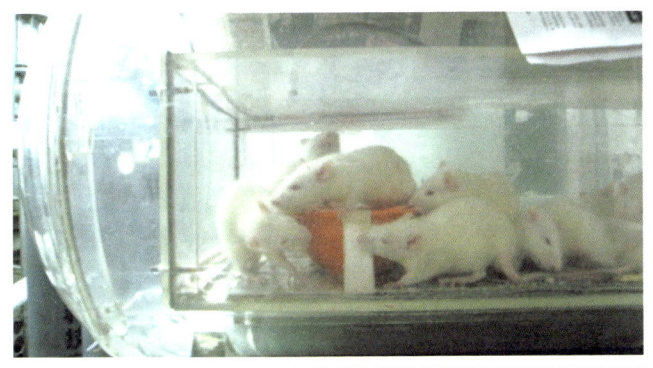
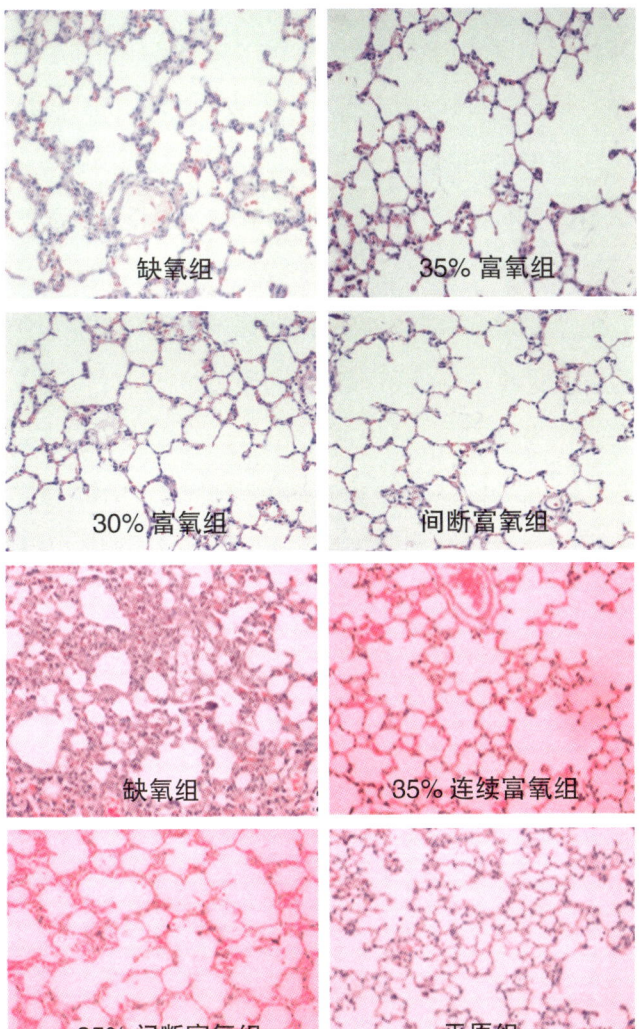

图 2-61 白鼠实验

结论一：海拔 6000 米连续供氧 24 小时后对比，缺氧组肺泡腔内均质淡染成分明显，30% 富氧组还有少量的均质淡染成分，35% 富氧组防护效果明显。

结论二：海拔 6000 米每 4 小时间断 35% 供氧后，肺泡腔内均质淡染成分明显减少，肺泡组织结构清晰。

结论三：海拔 6000 米昼夜交替间歇富氧组优于连续富氧组，肺泡间隔结构正常，肺泡腔清晰，接近平原组。

够完成当日休复,不积累疲劳,早晨醒来时脉搏像在平原一样保持在每分钟50次左右,将缺氧代偿反应降至最低,消除了发生器质性病变的可能。

援友们!有了这个结论支撑,我们就更容易预防缺氧了。白天工作时,有条件就吸氧,没条件也不强求,可以通过多做深度腹式呼吸补氧。关键是晚上就寝,包括午休一定辅助吸氧,这相对容易做到。在人体缺氧开始时就把问题解决掉,不让缺氧引发疾病再治疗。人不生病才是硬道理,一生不麻烦别人给自己治病、救自己的命才是最重要的人生目标。

到目前为止,对吸氧持怀疑态度者仍然不少,大体上按照藏族干部、在藏汉族干部、援藏干部顺序,怀疑程度由高到低。

藏族干部很难接受吸氧,他们祖祖辈辈没有吸氧习惯,如果改为吸氧可能被耻笑,有的人还错误认为藏族抗缺氧。有一位我分管的藏族干部向我请病假,去医院检查和治疗一系列慢病,我关心地问他病情,并向他建议适当吸氧可以缓解。听到吸氧,他坚决地、像躲瘟疫般地、摇着头说:"我……不能吸!"藏族同胞厌恶吸氧的态度,给我留下了深刻印象。

在藏的汉族干部态度中立,有接受的也有不接受的。一部分人充满了疑惑问,不是说吸氧有依赖吗?还有一位在县里工作的藏二代想吸但不敢吸,问他为什么?他说:"有人说吸氧就是怕苦!"

图 2-62 夜间持续吸氧,清晨所测的经皮动脉血氧饱和度值

援藏干部接受起来容易些，有一部分人坚持吸氧，但多数人马马虎虎，对吸氧不认真，属于中间派。如果思想工作到家，条件改善到位，这部分人是可以争取过来的。我身边的一位援藏干部，花钱买了个新氧罐，但是不怎么吸，氧气罐放在床边摆样子，我扣帽子说他抠门儿！他也不还嘴，但就是不怎么吸。后来证明他并不是抠门，他老婆孩子来探亲时，他给每个人安排1个大瓶氧吸，并虚心学习操作规范，让老婆孩子吸饱氧，睡好觉，不"高反"。后来了解到他自己不吸氧的原因是怕把新罐换成旧罐，奇怪的理由，守财？还有一天晚上我去北京援藏公寓串门，听说这里定时弥散供氧，但当时已经晚上9点多了，我看到墙上挂着像空调室内机一样的弥散式出氧口，但却未供氧，氧含量计显示20.9%。这位北京援藏干部对供不供氧并不关心，似乎那是公寓的事，房间里连个血氧饱和度检测仪也找不到。

人类在高原树立正确的生存观念很重要。"观念决定行为，行为决定习惯，习惯决定性格，性格决定命运。"实践表明，人在高原只要补氧就不缺氧或少缺氧，坚持做一定会有身体健康的回报。谁实践谁受益！谁不这样做，谁回避问题，谁身体受损！这不是理论问题而是实践问题。经实践检验的真理不因个别人主观成见而改变。

借鉴成功经验

坏血病的故事　16到18世纪之间，坏血病估计夺走了200万船员的生命。那时，准备航行至遥远的彼岸，船员和船长心理都知道将会有一半以上的船员无法抵达终点。当时船员们的饮食很单一，无非是饼干和牛肉干，没有人意识到在长途航行中缺乏维生素C对身体健康的危害。1747年英国海军医官詹姆斯·林德在船上做了个很著名的实验：12名严重的坏血病海员，两两选择吃完全相同的食物，其中2名每天吃2个橘子和1个柠檬，另2名喝苹果汁，其他4对喝稀硫酸、酸醋、海水，或是一些其他当时人认为可治坏血病的药物。6天之后，只有吃新鲜柑橘等水果的海员好转，其他人病情依然。实验结果出来后并未引起重视，只有库克船长再次远航时带着大量的酸菜，并且每次只要登陆，就下令水手必须多吃新鲜蔬菜和水果，因此，在库克手下的所有水手，再没有任何一名因为坏血病而丧命。接下来的10年里，世界上所有的海军都采用库克船长提倡的海上饮食，拯救了无数的水手和乘客的生命。

人类的过去正是凭着应变，实现了繁衍，形成部落、民族、国家，逐渐增强了生存能力，享受文明的生活，走上科学发展之路，成为具有伟大生命意义的人类。人类未来也必然遵循适者生存规律。

因纽特人（爱斯基摩人）发明了御寒方法，人类能够在寒冷的北极圈内生活。柏柏尔人（Berbers）发明了防炎热和寻找水源方法，人类可以在撒哈拉沙漠生存。近代人类发明了能源输送方法，发明了道路网、能源网、通信网，舒适便捷的生活遍及全球，不仅早已躲避了狂风暴雨的袭扰，而且能够在夏季享受空调、冬季享受采暖，甚至在荒漠戈壁建城市，为体育场安装空调。适者生存的理念涵盖人类衣食住行、生产生活的一切方面，从初级满足生存，到高级生活体验。可以说，没有适者生存的各项应变，就没有人类社会的今天。

如果说人类在现实生活中还有专业领域没有解决的，一定包括人类在高原生活的缺氧问题。奇怪的是现代技术手段保障人类可以在8000~12000米的高空飞行、保障人类乘坐火车在超过海拔5000米的青藏线（唐古拉山站海拔5068米）旅行而不缺氧，但在平均海拔4000米的地面生活不"缺氧"仍然是个大难题，显然是未加以重视，处在忽视当中。

但是，无论个别解决还是集体解决，终究是要解决的，这是因为：

一、青藏高原在我国境内，目前两省区合计有近900万常住人口，加上四省藏区高海拔地区，人口过千万。入藏旅游人口已超过常住人口的10倍，保障旅游人员人身安全、戍边驻守人员安全和提高世居高原人民生存质量是我国政府义不容辞的责任。

二、青藏高原的战略地位日益提升。随着实施"一带一路"倡议,"形成陆海内外联动、东西双向互济的开放新格局",打通南亚陆路大通道,开拓巨量的南亚市场,建成并开通川藏铁路,建设藏东南绿色能源接续基地、巨型有色金属智能化矿山,西藏要为人类生产生活高峰期的到来做好准备。

三、青藏铁路安全运营12年已作出了成功的示范,技术上解决人在高原缺氧问题是可行的,民用领域完全可以借鉴。

事实上,西藏兵站、政府办公楼、部分宾馆和饭店、商用写字楼已经在试点建设供氧系统。未来西藏城乡电力供应充沛、偏远地区可以使用得天独厚的太阳能,空气资源取之不尽用之不竭,制氧供氧产业大发展具备条件。未来在西藏使用"氧调机",像平原地区的冬季采暖、夏季使用空调一样方便。

人类与疾病斗争的历史证明,只要不懈努力,寻找到有效的药物或方法,许多当初受条件所限无法治愈的疾病可以治愈,如奎宁、青蒿素治疗疟疾,异烟肼、利福平治疗肺结核等,因为地球是人类的母亲。

人类与困难斗争的历史证明,只要不懈努力,思路和方向正确,许多当初受条件所限无法解决的问题可以解决,如汽车、飞机、高铁交通实现人类日行万里的梦想,电子、光纤、量子通信实现人类瞬间进行思想交流的梦想,因为地球是人类的家园。

面对生存考验,人类选择逃避,可以苟且一时,但终将无路可逃,逃不出地球;选择忍受,遭受违背生理规律的自然伤害,无异于崇尚苦行、痛苦一生,与追求幸福的初心背道而驰。只有选择应变,发挥人的主观能动性,主动趋利避害,选择安全,创造安全,人类脆弱的生命才不至于被饥渴、寒冷、酷暑、疾病、可预见的自然灾害轻易夺去,在大自然中不再担惊受怕。

我有一个梦想,西藏自治区能将解决人缺氧问题提上议事日程,开始补西藏区域发展不平衡、不充分诸多问题短板中这块最短的短板,满足人民群众在高原对供氧和吸氧的需求:

各级组织部门、派出单位、受援单位对援藏干部人才的安全与健康自始至终地负起宣教责任，援藏前组织专业培训，像新兵入伍训练，援藏中为援藏干部提供供氧宿舍，供氧办公室，出差能乘坐供氧汽车。援藏干部不再因"高反"受伤，最大限度地杜绝缺氧牺牲的现象。援藏干部也要起到宣传队和播种机作用，帮助在藏同胞学会用氧，提高生存质量，开创新时代援藏工作新局面。

自治区规划并实施西藏供氧工程，政府机关、企事业单位、百姓家、商店饭馆建成供氧建筑，接受人人吸氧，家家供氧。

旅游系统无缝接驳从青藏铁路车厢走出、从入藏航班走下的乘客，制定**西藏旅游人居环境平均海拔降低千米**的目标，逐步实现世界旅游目的地定位。旅游人员可以在供氧宾馆住宿，在供氧商店购物，在交通枢纽和旅游景点租用穿戴式供氧装备，骑行者可以在进出藏线路沿途的氧吧更换氧罐或充氧、修理自行车、喝热酥油茶。平原地区的人、外国人从此入藏旅行不再惧怕高原反应，说去就去！

西藏的孩子们在供氧教室上课，体育课也能在充气供氧的室内操场进行，家中有供氧房间写作业和睡觉，让中考、高考分数大幅提升。

西藏戍边的战士营房能持续吸氧，站岗放哨有便携式供氧装置，边境巡逻时会用深度腹式呼吸。

制氧系统所需的能源何来？西藏取之不尽用之不竭、得天独厚的太阳能和清洁水能。

富氧与增压 顺便说，关于解决人在高原缺氧的问题，我一直不太赞成增压思路。有个别援友和有西藏情结的人士，试图建增压房解决人在高原缺氧问题，就连在增压房中冲厕所时为避免卸压而采用民航飞机冲厕的解决方案都考虑到了。

他们认为，人在高原缺氧原因是环境低气压，只要创造高气压环境，缺氧、缺压等一系列问题都可以迎刃而解。我并不认可这个思路。因为天下雨，肯定是人打伞防雨，而不是人工制止天下雨。建设小型增压舱、单体增压房

第二章 | 生存——西藏是检验身体的地方

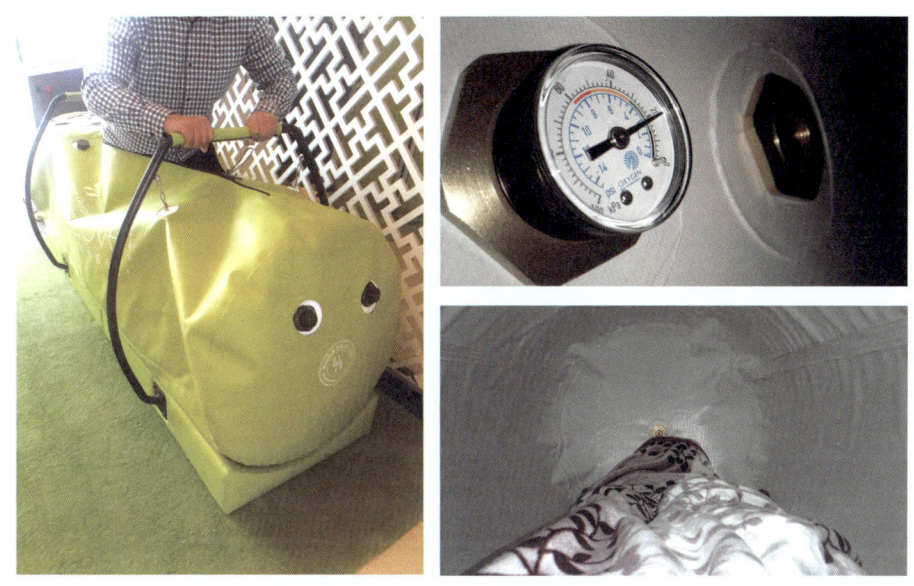

图 2-63 小型增压舱

注：小型增压舱、单体增压房可以解决少量人员缺氧问题。

解决少数人员缺氧问题是可行的，已经实现了的。但是，解决多数人员缺氧依靠大范围、大体积增压，人类力不从心。因为只要舱内外存在压差，进出就会不方便，不方便就不实用。不妨计算一下，普通门高 2 米，宽 0.8 米，面积是 1.6 平方米。假设在太空建增压房，房门内、外压差为 1 个大气压，即门外"真空"、门内处于"海平面"标准环境下，门承压 16 吨力，气压从"海平面"压向"真空"一侧。在拉萨建增压房，房间仍然增压到与海平面相同，门内、门外气压差为 0.35 个大气压，门承压为 5.6 吨力，气压从"海平面"压向"拉萨"。在林芝建增压房，门承压减小为 3.2 吨力，即使将门的面积缩小一半，只用 0.8 平方米的面积出入，压力也有 1.6 吨力。压差将导致人力打不开门、关不上门。实际操作中，当然谁也不会冒险生硬地开门－关门，必须增加缓冲舱，像电影《火星救援》那截圆筒，只有当气压调整到任何一个门内外等压时才能开门。

图 2-64 氧舱内经皮动脉血氧饱和度变化情况

可以预见，有三大致命缺陷使加压思路不可行：一是增压房屋的造价将是天价，相当于建造飞机机舱或高压氧舱用于日常民用；二是体验感较差，人员出入每次都要经过长达若干分钟的等待；三是能耗很高，缓冲舱频繁的增压、减压操作的功率较大，运行成本很高。

增压思路将人在高原缺氧与高原低气压直接因果挂钩，以这样的思路想取得科研试验成功没有问题，民航飞机机舱和医用高压氧舱都是现实成功的例子，但在民间普及困难较大，意义不大。

相反，"平压富氧"方式与成熟的青藏铁路方案、通用的高原低氧训练室的思路不谋而合。在不改变大的自然环境前提下，改变小的生存环境适应人，将"缺氧原因是环境气压低"再向"低气压导致人缺氧"推进一步，落脚在"人缺氧"上。人缺氧就为人补氧，直截了当以人为本、解决一个个人的需求问题的集合，这才是解决之道！所谓"治众如治寡，分数是也"。把复杂问题变成简单问题，各个击破。人类防寒保暖、防暑降温均是在人居环境中逐渐建成供暖链、供冷链，防缺氧顺理成章地建立供氧链系统，为什么不呢？

西藏航空公司在贡嘎的驻地2013年底开始用"平压富氧"方式解决供氧问题。楼内、楼外气压相等，楼外氧浓度21%，楼内房间里氧浓度24.5%～25.0%。机组和乘务人员在此过夜，整个晚上不缺氧，次日安全执行飞行任务。我因乘坐次日凌晨起飞的航班曾经在此住过两次，对经皮动脉血氧饱和度进行过整晚的监测，发现经皮动脉血氧饱和度可维持在96%。

2017年11月全军驻地海拔3000米以上哨所官兵全部吸上了自制氧，以前氧气由山下送到高原哨所，现在改为哨所自制氧，制氧方式由零星间歇转变为足量持续，供氧对象由部分一线官兵变为全体高原部队，完成了从"救命氧"向"打仗氧"转变。

我们讨论和要解决的人在高原缺氧问题，是仅靠习服克服不了的生理问题，是人类自己出题自己答题的一场自我生存挑战。人类不请自来，自行选择上高原，名义上挑战大自然，实际是挑战自我。人类应当拿出聪明才智解题、破题，像御严寒、防酷暑、避风霜、躲雨雪一样，找到切实可行、能够传给后代保证物种健康延续的办法，而不是被动适应，跟着感觉走。

冷静地想一想，呼吸原料减少三成，甚至一半，人怎么能适应得了呢？好比将粮食供应减少三成，甚至五成多，还要求人去适应饥饿，难道健康就不受影响吗？孩子的发育就不受影响吗？

援藏干部是职业援藏者，长期生活在西藏，不能视而不见、充耳不闻，置身体于缺氧而不顾。建议从入藏的第一天做起：

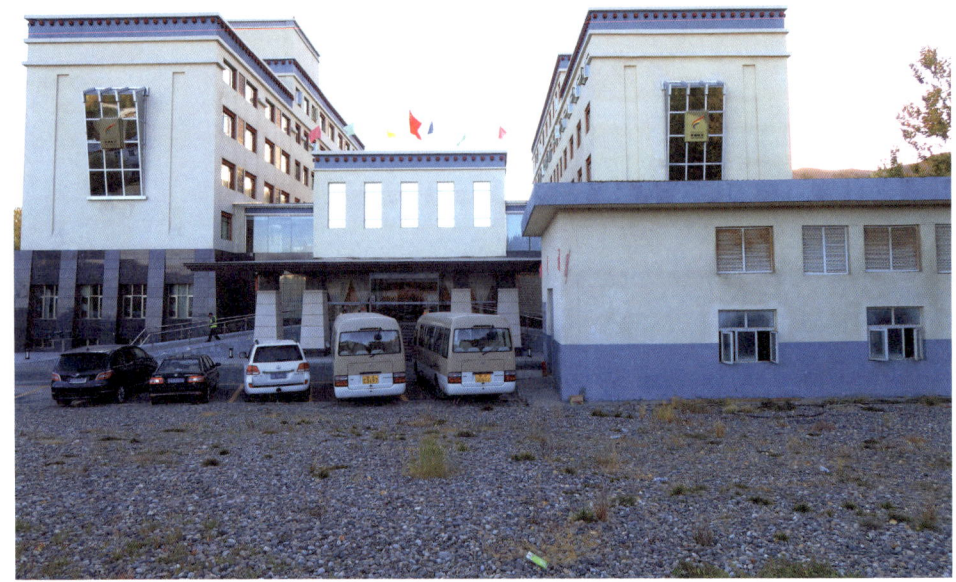

图 2-65　西藏航空公司

注：西藏航空公司 2013 年底开始用"平压富氧"方式解决供氧问题。

图 2-66　西藏航空公司飞行员在驻地餐厅里的经皮动脉血氧饱和度

第二章 | 生存——西藏是检验身体的地方

1. 缺氧之初要高度重视。从飞机座位上站起来后要等待片刻;走出机舱的行走速度要限制;搬取行李力度不宜过大过猛。这3个细节都是强调不要过分动用身体力量而强化血液缺氧,在这个过程中最好戴上脉搏血氧饱和度检测仪观察经皮动脉血氧饱和度和脉搏,监控自己不要让经皮动脉血氧饱和度过低、脉搏过高。经皮动脉血氧饱和度过低或脉搏过高了就停下脚步静一会儿,让身体没有额外运动耗氧,同时做深度腹式呼吸加大从空气中摄取氧,让这两个指标恢复到正常范围内再走。无非是晚5分钟出机场!到了西藏,离天最近的地方不必着急。我给自己定的标准是经皮动脉血氧饱和度不低于90%,脉搏不高于120次/分。大家可以根据自己的基础心跳,定一个合适的下限值,保证自己出舱阶段不出危险。要避免被时间牵引着,不顾到了高原环境,一味任性地出舱赶路。贡嘎机场发生过个别乘客"廊桥走一半就爬不动,走出候机楼就趴下"的情况。

2. 连续缺氧不能不管。从贡嘎机场到拉萨市区平均车程1.5小时,绝大多数人是只管乘车,不管缺氧。你不管缺氧,缺氧就会自己找上门来,到时候就被动了。可提前要求接港车辆带10升或5升的氧气瓶,上车后吸氧,控制行车途中自己的经皮动脉血氧饱和度在95%~96%。援藏期间,我的"双肩背"里平时总装着一根吸氧管,封装在干净的食品袋里,这时会拿出来,插在湿化瓶出气口,拧开闸阀即可吸氧。吸氧管属个人卫生用品,用自己的干净,同时多次使用减少浪费,减轻对西藏的污染。如果没有氧气瓶,就专心做深度腹式呼吸,虽然费点力气,但也要让经皮动脉血氧饱和度维持在95%~96%,当然要学会方法,不要做反,做反了会越做经皮动脉血氧饱和度越低。到了宿舍也不要大意,搬行李要量力而行,一层楼分两次上。洗淋浴或卧床休息都应戴上吸氧管吸氧!始终控制经皮动脉血氧饱和度在95%~96%。

总之,在高原各种伤害面前,援藏干部必须坚持实事求是,一切从实际出发,主动地、预判地、提前地介入问题的解决,不道听途说、逆来顺受、掩耳盗铃、熟视无睹、自欺欺人，不回避、不躲避、不逃避、不消极、不苦熬，不要静等身体发生了"高反"再救治，多做预防工作，以不"高反"为目标，节省下与"高反"及其引发的疾病作斗争的时间。以乐观的心态，体味西藏独特的生命文化，修正身心。以健康的身体，享受圣地天堂般的美景，融入自然。以辩证的思维，多琢磨民族的关系、人与自然的关系，发现西藏。向自然学习，体味西藏的客观存在，吸取唯物主义"基本内核"，向西藏同胞和援藏前辈们借鉴经验、吸取教训，吸收辩证法的"合理内核"，深化对高原生命生理活动的理解，总结归纳人类高原生存规律。最后，还必须坚持创新发展理念，解放思想敢于吸氧，改善习惯保持不缺氧。

如何克服醉氧

人到平原醉氧，是因为人在高原，血液中红细胞计数异常升高，血红蛋白浓度也升高。一般血红蛋白为120～130克／升，而"高原缺氧"环境会让血红蛋白明显增加，少数会接近或大于200克／升。高原缺氧的人快速来到平原，血液中较多的红细胞继续在体内工作，带给体内较多的氧自由基，导致人懒洋洋、晕乎乎、想睡觉，就像喝醉了酒一样，这就是醉氧。

醉氧程度与缺氧程度成正比　如果人在高原不缺氧，或缺氧不严重，到平原就不会醉氧或醉氧不严重。如我们乘坐飞机在空中旅行3小时，座舱海拔最高在2400米左右，人只是处于供氧不足或轻微缺氧2个多小时，红细胞来不及生长，下了飞机根本谈不到醉氧，头晕的感觉一会儿就会消失。我援藏的后两年如果赴平原出差，可以只用一天半时间克服轻微醉氧而不影响工作。我的做法是乘周六早班飞机从拉萨出发，中午到京，下午睡一觉。周日上午剧烈活动一次，一般选择踢一场足球，剧烈到大汗淋漓程度，下午再次睡一觉。这两天多喝水、多排尿。踢球时带瓶自制的盐糖水或电解质饮料。周一开始正常上班，基本不醉氧。我分析原因，既与剧烈运动、加速新陈代谢有关，也与我在高原不"缺氧"有关。

便携式脉搏血氧饱和度检测仪

感谢现代科技，能够把人体血液中血红细胞与氧分子结合的情况通过一个小小的指夹式光电仪器无创无痛地快速检测出来。

血氧饱和度（SO_2）是血液中与氧结合的氧合血红蛋白（HbO_2）的容量占全部可结合的血红蛋白（Hb）容量的百分比。指夹式脉搏血氧饱和度检测仪带有两个发光二极管，面向使用者的待测部位，通常是指尖或耳垂，相当于以手指或耳垂当作盛装血红蛋白的透明容器，向其中发射波长为660纳米和940纳米的光束，发射频率为8次／秒。其中660纳米红光对血红蛋白敏感、吸收多，940纳米近红外光对氧结合血红蛋白敏感、吸收多。根据吸收光度法基本定律，郎伯-比尔（Lambert-Beer）定律，微处理器计算出这两种光谱所吸收的比率，将结果与存在存储器里的饱和度数值表进行比较，从而得出经皮动脉血氧饱和度。

身体发生缺氧时血液立即有反应，颜色变暗，用脉搏血氧饱和度检测仪夹住手指尖、耳垂或脚趾，3～5秒钟即可得到结果，比量血压简单、耗时短，比测血糖迅速，连微创都没有。脉搏血氧饱和度检测仪发明于20世纪80年代，之前测量血氧饱和度须进行血气分析，非常麻烦，需要采集动脉血，由有经验的护士操作，选择桡动脉、股动脉或肱动脉，取血后样本须隔绝空气，冷藏，在30分钟之内送检。

严格讲，SpO_2（Percutaneous oxygen saturation，经皮动脉血氧饱和度），与SaO_2（Arterial oxygen saturation，动脉血氧饱和度）有区别，但差别不大。"36例新生儿均先后在手掌、足背、前臂、耳垂4个不同部位监测经皮动脉血氧饱和度SpO_2，各部位监测相隔3～5分钟。之后，按照动脉血标本采集方法采集新生儿桡动脉血并立即送检，测量并记录SaO_2值。结果，比较差异无统计学意义，绝对差值均小于对应的等效界值。"（引自《护理学报》）

只有该手指受过伤，微循环不通，或手指温度极低，微循环不畅，或涂了不透明的指甲油，光线照射不进去，测量结果才不准。一般情况下SpO_2与SaO_2是相等的。目前在医院病房里，包括在ICU普遍以SpO_2作为动脉血氧饱和度检测值。SpO_2用于援藏干部动脉血氧饱和度监测是适合的。

脉搏血氧饱和度检测仪上市之初物以稀为贵，卖得很贵，现在仍有外国的大品牌卖得很贵。2015年在拉萨街头还能看到卖4000多元的进口脉搏血氧饱和度检测仪。有一次我将贵的和便宜的两个脉搏血氧饱和度检测仪戴在同一支手上对比测量，开始经皮动脉血氧饱和度有差别，脉搏基本相同，等一会儿经皮动脉血氧饱和度也基本相同了，脉搏几乎一致。反复多次都是这样。

脉搏血氧饱和度检测仪是高频光学检测仪，不会骗人、不会"高反"，它只会忠实、客观地显示经皮动脉血氧饱和度值，对防止人缺氧起到辅助作用。测量后根据显示值了解到缺氧的程度，判断是否要加强呼吸或辅助吸氧等，避免因身体感觉与实际反应不同而引起误判，耽误补氧时间。

脉搏血氧饱和度检测仪在平原对健康人没有多大用处，但是在高原，所有人都面临缺氧的威胁，脉搏血氧饱和度检测仪就变得时时刻刻有用。

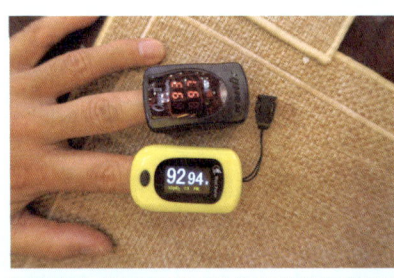
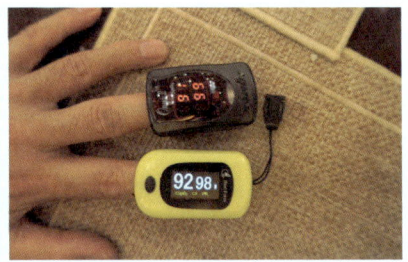

图2-67　不同价位的脉搏血氧饱和度检测仪测试结果对比

援藏 3 年，我随身携带脉搏血氧饱和度检测仪，走到哪，测到哪，不仅掌握了我本人的经皮动脉血氧饱和度变化情况，还发现人群经皮动脉血氧饱和度差异存在以下规律：女士优于男士；年轻人优于老年人；每个人，早晨好，下午差；同一个人每一次上高原都不太一样，这与身体疲劳度相关；海拔低的长三角、珠三角地区最好（我在北京的经皮动脉血氧饱和度一般为 96%~98%，在上海、宁波出差时总是 99%）。同龄、同性别人中经皮动脉血氧饱和度有差异：思维快的高，思维慢的低；身体好的好，身体差的差。最后一条与传说相反。传说身体越好"高反"越严重。而我遇到的情况恰恰不是这样，身体好经皮动脉血氧饱和度高，身体不好经皮动脉血氧饱和度也不高。

援友们，在高原面前，每一位援藏干部都是考生。选择援藏既要有勇敢的心，进到考场中还要有科学的头脑，要胆大心细，敢于考好。不仅自己要考好，还把科学的方法和战胜困难的精神带给身边的同志，传给藏族同胞，这才是真正的科学援藏。科学援藏就是授人以鱼加授之以渔。天地不仁以万物为刍狗，血肉之躯万勿以卵击石。人来到高原，在高原缺氧，是人的问题，不能嗔怪自然。解决人的缺氧问题，要尊重自然环境，遵守物理化学基本定律，发扬人的自强不息精神，求生图存，创新应变。没有什么救世主，也不靠精神硬挺，要创造援藏期间的安全和幸福生活，全靠我们自己！

如何抵御温差大

地球表面海拔每升高 100 米，气温下降 $0.6℃$。拉萨海拔 3650 米，线性计算平均比北京低 $21.6℃$。但实际上拉萨年均日照时间 3000 小时以上（北京 2700 小时，贵阳 1200 小时），照射十分强烈，被称为"日光之城"。实际气温比线性计算值高，年平均气温为 $1~15℃$（北京是 $7~17℃$），"高寒"明显。这里的寒冷是热量存不住的那种寒冷，太阳晒得热热的，身上还要穿着羊皮袄保暖。

高原的冷刻骨铭心

我亲历 2013 年那曲的冬天,夜晚气温最低到过 -17℃,这个温度绝对值并不算低,在东北、内蒙等地算不上什么,但是西藏是没有采暖的地区,祖祖辈辈没有采暖!再加上以下几种艰苦的要素作为帮凶,高原的冷刻骨铭心。

一是空气稀薄不保温 靠近炉子热,离开炉子冷,面前烤着炉子烫人而背后冷。藏式炉炉膛里面不砌耐火砖,钢板焊在一起就是炉子,一端是炉台,添煤添牛粪烧水下面倒灰,另一端竖起烟囱排烟,中间是炉桥热酥油茶、煮肉等,炉桥长短都有,短的 1 米不到,长的 3 米以上。基本没有保温设计,热工效率较低,牛粪或块煤消耗快,夜里炉火总要灭几次。驻村工作队有燃煤保障,我"一夜三醒添小煤,双层棉被盖大衣"度过了这个具有颤抖记忆的冬季。而藏族同胞祖祖辈辈生活在此,他们家中条件普遍比村委会好不了多少,而且不习惯烧煤,过冬比我们要苦。在和他们接触的半年中我感到,他们的生活中似乎没有冬季采暖一说,因为即使是在冬季,阳面房间白天也是热的;而即使是在夏季,阴面房间也始终是冷的。冬季里,烧茶、煮肉的余热都用来御寒,家里

图 2-68 窗上的雪花

靠近炉子的温暖位置晚上要让给老人、孩子睡。尽管一年四季可以捡牛粪，但整夜烧牛粪采暖谁也烧不起，炉子又无法像北方蜂窝煤炉子那样"封火"，有经验藏族人家睡前会压一些湿牛粪，尽量延缓熄灭时间。但无法避免熄灭，火熄灭到重新点燃期间只有忍着。牛粪很好点着，一般用打火机一次即可点燃，牛粪质量差（碎小块）时，现在可以使用固体酒精棒，挤出一截，见火就着，挤在牛粪或者煤块中间即可。藏族同胞人人都有保暖透气性能极好的老羊皮藏袍，"白天穿，夜里盖，光板皮子露在外，不怕风吹日头晒。"环境差，只有加强自身保护。烧煤取暖的不多，实际上村民抵触烧煤，既闻不惯煤气味，也不会处理煤渣，另外也因为煤要买，而牛粪靠捡。牛粪灰烬可直接入田作为优质肥料，而煤渣会污染他们的农田（我驻村的村民半牧半农，放牧的牧民在达勒村有耕地，耕地的农民在娘达沟有牧场），有的家用煤渣垫门前路，多数的随手倒入毛坑里堆积着，将来怎么处理也不知道。反正刚开始烧煤没几年，量还不多，堆几年没问题。

二是空气非常干燥 炉子上烧开水冒出的蒸汽房间里根本存不住，皮肤和鼻子始终感觉干燥。刚驻村1周时，我7天没洗澡，发短信给老婆和儿子："孔子曾穷于陈蔡之间，七日未尝粒；晓南驻村于比如县，七日未洗浴。"老婆回复："一个很有味道的男人。"儿子回复："那还是比不吃饭强！"这段对话上了《小康》杂志。后来当我亲历最长42天不洗澡后，7天根本不值得一提了。换来了对藏族同胞在西藏较少洗澡的理解，洗澡条件差是主要的原因，

图2-69　宿舍内的炉子

包括供水、烧水设备不足，洗澡场所和保温条件差，搞不好会着凉感冒，在高原感冒有时会要命，我驻村的地方远离医院，距县医院48千米，要开车2个多小时，不敢生病。但另一个重要原因是不洗澡可以抗干燥！平原的北方冬季干燥、净电多，小腿布满抓痕，人和人不敢握手，伸手开门先放电，而西藏的干燥比这严重得多（林芝部分热带地区除外）。

三是室外刮狂风　村里盖的土坯房不抗风，风会钻空子，墙缝、房顶、窗缝，发出嘶嘶的叫声，有时大风持续整夜，刮得人绝望！体感温度比实际气温低很多。这样的夜晚，患病的、濒死的狗，会哀嚎一夜。用强光手电驱赶，有时两个亮点会转头走远些，但多数时候不管用。村里的狗是没有住处的，房前、茅坑、田野，到处荒野求生，用身体捂热的那块地方轻易不愿离开。

四是人体缺氧　缺氧导致睡眠工作程序不正常，人就是干瞪眼睡不着。竖起耳朵听风声。一会儿火灭了，不得不起来添煤，中断睡觉。进入深夜好不容易睡着一会儿，大约5～6点钟又会很早醒来，瞪着眼睛继续看屋顶：碗口粗的椽子一根隔一根地相互交织搭接在居中的房梁上，房梁是方的，下面的支柱也是方的，藏式房是一所简单但巧妙的抗震建筑。据说青藏高原抬升速度是每年1厘米，曾经有一年7厘米，准确不准确不去管它，但抬升未停止是确定无疑的，因此藏式房这样建是有道理的。另外，藏式建筑很"讲究"，横梁纵柱凡是木柱暴露的表面全部绘有藏族彩饰，吉祥八宝（宝伞、金鱼、宝瓶、莲花、右旋白海螺、吉祥结、胜利幢、金法轮）和植物花卉等，吸引眼球。看着看着天放亮了，几只麻雀落在窗外临时拉的电线上叽叽喳喳，一会儿飞走，一会儿飞回，这画面映在窗帘上。我又联想，高原的麻雀应该也缺氧，睡不着，要不怎么也起得这么早？

驻村是本人援藏后不久的事，对防止缺氧没有经验，尽管下意识地带着氧罐到村里，晚上睡眠期间逐步吸氧，但吸氧时间、阀门开度、吸氧管佩戴方法、对吸氧前后经皮动脉血氧饱和度变化的理解、做深度腹式呼吸与辅助吸氧相互配合等都处于试验和摸索阶段。这个阶段身体缺氧，睡不好觉是确定的。

增减衣服适应温差

高原"向光热、背光冷"现象严重,气温会像魔法一样围着你变来变去,人在阳光下、荫凉里、室内室外、早晚中午都各不相同。那种一套衣服穿一天,一种搭配穿一季的平原地区生活习惯在这里行不通,所谓的一年"适应四时,保养身体"的概念在西藏不适用!须处处时时提防温差害人,这是援藏干部高原生存必修课之一。因为空气稀薄无处不在、保不住温无时不在。

目前,应对之策仍然是眼睛向内,从自身防护上找问题,寻短板,想办法,不去埋怨自然,也不怪罪环境。解决温差大的办法说来也简单,冷了穿,热了脱,养成穿穿脱脱的新习惯就能解决。藏族同胞穿藏袍不就是这样吗?保护了藏族同胞上千年了。或者,通过改造居住场所和办公场所来解决。

2016 年 7 月下旬,我从拉萨到北京出差,脱下秋衣秋裤换上短袖上衣工作了 10 余天,8 月初返回拉萨时,又把秋衣秋裤再穿上。8 月的拉萨竟然比 7 月的北京还冷,早晚必须穿秋衣秋裤,赶上雨天身上还发抖,而晴天的中午却热得想穿短袖,绝对的一天过四季!出家门时,必须按最冷的准备,然后根据一天气温的变化频繁增减。不耐烦不行!

以下分享我在拉萨一天的工作,内容摘自援藏日记,外加一些补充,从中可以看到抵御温差大、解决缺氧问题离自己有多近,请援友们借鉴。

8 月的拉萨已入夏,更准确地说是进入了雨季。晚上下雨白天停,天天如此,3 年如此,希望永远如此自然。

早晨 7 点多醒来,伸个懒腰,胳臂出了被窝感觉凉凉的,室温最多 16℃,卧室外更低,10℃上下。伸手关闭电热毯、加湿器,侧起身在床边略坐,摘下生命体征监护手环,充上电,打开手机 App 更新数据。经皮动脉血氧饱和度数据会自动上传云卫康公司,半小时之内图形及诊断报告会下传到绑定手机中。睡眠期间缺氧不缺氧、心跳急促不急促,甚至什么时间打呼噜或做梦了,都能看得出。

图 2-70 生命体征监护手环

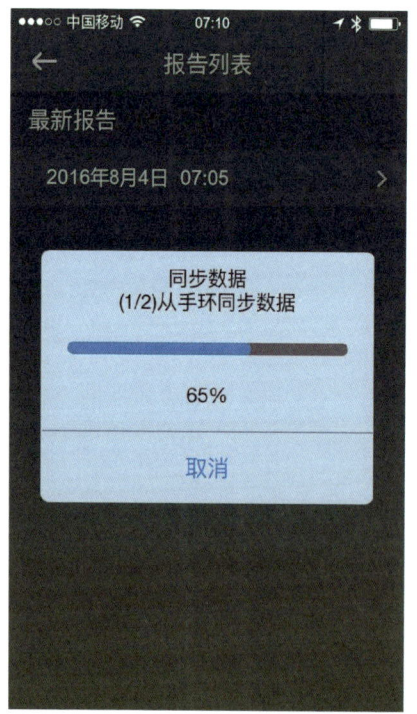

图 2-71 手环与手机同步数据

早晨起床后喝一大杯白开水是援藏期间极好习惯,也很关键。因为一个干燥的晚上过去了,到了清晨身体缺水,很容易导致血液黏稠,这比在平原要严重。为了晨起的水温合适,我都是在临睡前在保温杯中灌好水,到了第二天清晨时水温正合适。

起身,穿上棉拖鞋。只要不洗澡,我在室内就穿棉拖鞋,保证脚不着凉。

打开卧室门,客厅里的凉气扑面而来,因为一晚上窗户是开着的,拉萨有点像平原地区的南方,四时通风。听"老西藏"说建国初期确定拉萨为不采暖城市,因为拉萨的纬度在黄河以南,在成都与重庆之间。成都以南,不能采暖,一方面是气候原因,另一方面与国家当时经济不发达有关。然而,从另一个角度看,西藏是世界第三极,高处不胜寒!采暖问题比南方诸省还急迫,不仅是冬季采暖问题,更是全年采暖问题。2014~2016年拉萨大部分机关大院、住宅小区开通了天然气采暖。

伸手关上氧气闸门,深吸一口气,摘掉脸上的吸氧管挂到氧气瓶上,回到卧室洗漱。氧气瓶是放置在卧室门外,睡觉期间关门,挡住湿化瓶冒泡的噪音。

洗漱完毕，穿衣。袜子必须是长腰的，勒住秋裤，否则裤脚露风、脚腕着凉很不好受。

拿起手机，穿上羽绒服去街上吃早餐。此时距机关食堂开饭还要1小时。2016年8月，我已超期援藏，我做深度腹式呼吸已纯熟，早餐时坐在椅子上默默做，经皮动脉血氧饱和度可到95%，基本不缺氧了。

8点多钟，拉萨林廓北路已沐浴在朝阳下，东向西的交通指示牌在朝阳映射下格外清晰。彻夜的经皮动脉血氧饱和度记录显示，昨晚睡得不错。我自我感觉精力还行，新的一天就以这样的好心情开始了。多买一屉包子送给门卫白杰、罗布，后来的小伙子叫阿旺，个子高高的但很瘦，说汉语不利索，他们常年以值班室为家，很不容易。

图 2-72　吃早餐

8:30开始伏案工作，加个早班，在办公室不仅不敢脱羽绒服，而且还得打开脚下的电暖气为膝盖加热，一口气工作到10:50。

室外"春"意盎然，第九套广播体操音乐响起，大家纷纷下楼做操。我关掉电暖气、脱掉羽绒服换上夹克衣，来到楼下加入做操行列。做操时，夹克衣穿不住只能穿长袖衬衣。

做完体操，天气进入盛"夏"，烈日炎炎，身体微汗，有点想穿短袖，但有心无胆，紫外线太强，变色眼镜早已深黑。站在楼前台阶遮阳处做深度腹式呼吸，小风袭来，刚刚活动开的身体，感觉挺舒服。司机把车开过来，

图 2-73 作者日常工作状态

我坐上,去自治区政府参加会议。会议中坚持做深度腹式呼吸,测量经皮动脉血氧饱和度,照相取证。13:00 回到委里。

午餐后照例和同事们在院子里溜弯儿。阳光毒辣辣,晒得人前胸、后背、头顶发热。对面走来同事向我们打招呼,动作是"手搭凉蓬遮光照,脸朝地面抬眼笑"。从食堂到宿舍几十米的一段路,许多同事,包括女同事不戴遮阳帽,不打遮阳伞,能凑合就凑合。天天如此,日积月累,许多人被晒黑了。

午休 1 小时,照常吸氧。针阀不动,只开闸门,纯氧流量能够保证我的经皮动脉血氧饱和度在 95%～96%,这是启用这瓶氧气时测定过的。测定方法是:开度大体调在 2 升/分左右时吸着氧玩手机,经过微调后过若干分钟经皮动脉血氧饱和度始终保持在 95%～96% 时,即说明针阀开度合适了。

下午 3 点多走出宿舍上班,天气干热。天上飘着白云,白云背后是湛蓝,图像简单而自然,干干净净。这是很多人喜欢西藏的一个原因,透亮!走过楼口,又碰到同事寒暄几句到了办公楼拐角,抬头再看,云朵飘移发生了形变,引起联想,随手取出相机照一张,发到微信群里,引来很多亲朋好友的羡慕和好评。

下午 6 点半下班时天正亮,拉萨与北京有 2 个多小时的时差,相当于北京时间 4 点多。小风再次袭来,"秋"天到了。

去龙王潭溜弯儿是众多援藏干部的习惯选项。龙王潭即宗角禄康公园,布达拉宫的后花园,水清林幽,古柳蟠生,我也很爱去。湖面百鸟争宠,湖中鱼翔浅底,湖边转经人流,人与自然一派和谐。

第二章 | 生存——西藏是检验身体的地方

我去龙王潭印象最深的那次经历需要回到 2016 年 3 月 9 日，那天下班后日落前，我在龙王潭逗留了 2 个小时，照相、在手机上写诗。因为援藏快结束了，心情稍有不平静，想起饱满充实的驻村、推动国企改革的一幕一幕、解决人在高原缺氧问题取得突破等较为满意，外派监事会设立、央企入藏活动、垃圾问题试验、陶瓷太阳能示范等几项重点工作未完全落实，有些担心时间来不及，满意与不满意交织。从当天的日记里可以看出我的满怀深情。

3 月的拉萨一派祥和安宁，柳枝吐芽，棕鸭游戏，白鸽相爱。3 年的援藏即将结束，问是否圆满太小，但求尽心尽力是中，不打扰这里的山水草木，百姓匍匐转经，鼓风煨桑，禽兽自由为上。仿苏轼《惠崇春江晚景》作诗：

《龙王潭傍晚》

暮色飞禽登高枝，龙潭水暖鸭先知。

红霞白塔黄经筒，正是朝佛煨桑时。

是的，援藏干部仅仅完成本职工作与一点力所能及的事不足挂齿，要真正为这里虔诚的百姓，为一方国土，为自然生态，做一点力所能及的事，才算是不辜负了援藏事业，个人的一番家国情怀。

2017 年 4 月 8 日，援藏结束后过了半年，补上了诗的后四句：

双双白鸽秀恩爱，对对游鱼戏余生。

要知西藏真性情，唯有高原援藏行。

注：《惠崇春江晚景》（苏轼）：竹外桃花三两枝，春江水暖鸭先知。蒌蒿满地芦芽短，正是河豚欲上时。两两归鸿欲破群，依依还似北归人。遥知朔漠多风雪，更待江南半月春。

时间轴快进到 2016 年 8 月的那天。晚上睡觉前两三分钟，照例提前打开电热毯，防止床凉腰。打开加湿器，防鼻子干燥。带上生命体征监护手环，监测经皮动脉血氧饱和度。电热毯是无级调温的。加湿器我用2个，一个是前任援藏干部留下来的，除垢后继续服役，噪音大些，另一个是新添置的，较高级，可设定湿度，到了设定值自动停机，低于设定值会自动启动，很静音。生命体征监护手环是专业测经皮动脉血氧饱和度和脉搏的医疗器械，不是普通接电话的手机手环，它能够在静息状态下逐秒测量经皮动脉血氧饱和度和脉搏。

图2-74　生命体征监护手表

务必及时吹干头发

及时吹干头发是防止温差伤人的最重要事项！无论洗头、洗澡、游泳、泡温泉浴或下雨淋湿等原因，只要头发湿，离开水后一定要及时吹干，自然风干会带走大量热量，极容易着凉感冒，易患病程度是平原的几倍。一旦患了感冒，不容易好的程度翻几倍。患了感冒容易引发肺水肿，容易的程度也翻几倍。千万不可任性，血的教训很多。实在不愿或不方便吹头发，也可用"吸水擦头巾"，把头发弄乱不要紧只要及时干。

及时吹干，包括及时和吹干两部分。及时就是身体离开热水后即刻操作，时间控制在3～5秒钟，不要先刷牙、不要先洗内衣，而要先吹头发。为配合这种及时，我在宿舍里将吹风机放在随手可以拿到的地方，平时插着电源。功率≥1800瓦的电吹风比较给力。吹干，就是执行到位，认真加耐心，不能头发半干半湿就停止了。如果吹完头发恰好睡觉，那么很容易检验自己的工作质量。如果没吹干，第2天头发会乱着，吹干了，头发会顺着。

| 第二章 | 生存——西藏是检验身体的地方

2016年7月25日在北京全国组织干部学院，我为即将出发的中央第八批援藏干部介绍援藏经验，吹牛说自己注意身体保健，3年援藏只病过两次，还都有特殊原因，一次遭雨淋、一次驻村断氧气。话音未落，7月30日下午我回到拉萨当天洗澡，洗澡后未及时吹干头发，而是随手洗内衣、洗袜子，仅仅耽误了几分钟而已，结果身体突然打冷颤，接踵而来数个喷嚏，当时意识到可能会有麻烦，立即停止洗内衣，转而吹干头发。但还是晚了，身体别扭了几天后本人援藏以来第3次生病——重感冒。8月6日出差到了北京，愈发严重，不得不大量吃药镇压。但也许是高原患的感冒吃"平原"药不管用，直到10多天后才痊愈，教训深刻。

原因分析：本人在平原洗澡后从不吹头发，最多是用毛巾多擦一会儿，然后自然风干。几十年来一直这样做没出过什么事情，也没意识到有什么不对的。根深蒂固的想法是，不能为这点婆婆妈妈的事儿浪费时间。但是在西藏，因未及时擦干头发，患感冒2次，占我援藏期间生病总次数的2/3。在西藏的事实更加是事实，事实胜于雄辩！教育了我自己，也拿来警示各位援友。

在西藏患感冒还特别容易转为肺水肿，这也有真实案例，就发生在我妻子身上。2013年"十一"小长假她第1次入藏探亲就得了肺水肿，因为之前几天连续出差没休息好，出发前两天加班很疲劳，出发当天的航班是北京时间7点起飞，出发前为我准备"入藏物资"一晚上基本没睡。人一到拉萨就开始低烧，咳嗽从轻到重，逐渐出了啰音，后来不得不住院，拍胸片肺部阴影明显，诊断为"轻度肺水肿"，吸高浓度氧、打点滴，有好转但好不彻底。住院两天后，不得不出院乘机返回北京。中途

图2-75　宿舍洗漱间

中转成都时来电话就像没事儿人一样了。以后她又来过西藏 2 次，我把防护措施给她加上，都没有再生病，事实证明，得过肺水肿的就不能来西藏的说法是唬人的。不过患肺水肿的确很令人担心，请万万当心！

如何防紫外线晒伤

紫外线肉眼看不见，但照射能量很强，可对身体表面和眼睛内部造成很大的伤害。1801 年德国物理学家里特（1776 年 12 月 16 日—1810 年 1 月 23 日）把含有氯化银的照相底片放在紫光外侧，发现底片被感光，多次试验后发现了紫外线，也称紫外光。紫外线夹在可见光和 X 射线之间，其电磁波谱的波长范围为 10～400 纳米。到达地球表面超过 98% 的是紫外线 A（400～315 纳米），不足 2% 是紫外线 B（315～280 纳米），紫外线 C（280～200 纳米）几乎为零，全被臭氧层吸收了。波长 190 纳米以下为真空紫外（Vacuum UV），该波段的紫外线携带的能量更高，灭毒杀菌效果更大，但穿透力极差，在空气中被氧气强烈吸收而只能存在于真空，故得名真空紫外。适度的紫外线 A 照射人的皮肤可合成维生素 D_3，维生素 D_3 促进肠道吸收钙离子，能够防止人体缺钙，但过量照射会产生皮肤癌。紫外线 A、B 还可用于辨别伪钞、诱捕蚊虫、辅助医疗（补牙、治牛皮癣）等，紫外线 C 对生物体杀伤力强，破坏细菌和微生物的 DNA，人造紫外线灯使用紫外线 C（波长 254 纳米左右）用于病房、急救车等的灭菌消毒。这种人造紫外线灯应当与定时器捆绑使用，防止遗忘关灯而伤人。

紫外线在地球表面的分布具有纬度越低越强、海拔越高越强的特点，我国青藏高原是全球唯一纬度 ≥ 30°紫外线最强的区域。尤其，喜马拉雅山脉、岗底斯山脉附近紫外线最强，向北到昆仑山脉以南区域紫外线相对较强，直到阿尔金山、祁连山脉一线紫外线均比较强，而四川盆地的峨眉山附近紫外线强度最弱。紫外线强的原因是空气稀薄无遮拦、空气干燥，弱的原因是空气厚度大，拦截多，云、雨、雾、烟的吸收和散射强。成都平原作为西藏同胞选择的养老基地，有其地理气候天然的合理性。

紫外线强度人为分五级，第五级的辐照强度为≥30瓦/平方米，皮肤晒红时间小于20分钟。而事实上，2014年6月30日拉萨的紫外线辐照度为47瓦/平方米，2015年至2017年同日紫外线辐照度分别为70、70、71瓦/平方米。2014年，拉萨市气象台报道："从历年均值来看，6月份，拉萨紫外线指数等级为五级的日数占60%～70%。"，更不必说海拔更高、紫外线更强的那曲、阿里了。

表2-3 紫外线强度分级

级别	到达地面的紫外线辐照量（280～400nm）W/m²	紫外线强度	皮肤晒红所需时间（min）	需采取的防护措施
一级	<5	最弱	100～180	不需要采取防护措施
二级	5～10	弱	60～100	可以适当采取一些防护措施，如：涂擦防晒霜等
三级	10～15	中等	30～60	外出时戴好遮阳帽、太阳镜和太阳伞等，涂擦SPF指数大于15的防晒霜
四极	15～30	强	20～40	除上述防护措施外，10:00至16:00尽量避免外出，或尽可能在遮阴处
五级	≥30	很强	<20	尽可能不在室外活动，必须外出时，要采取各种有效的防护措施

紫外线对人体的伤害最主要的是眼睛。1985年和1987年北京协和医院分别在北京顺义区和拉萨堆龙德庆区进行过比较调查，发现堆龙德庆区的白

内障患病率比顺义县高60%，且发病年龄提前，在20～39岁居民人群中，白内障患病率为5‰，而顺义县在此年龄段未发现白内障。调查认为强烈紫外线辐射是导致白内障患病率高的重要原因，发现从人体摘出的白内障晶状体与紫外辐射诱发动物白内障晶状体有相同的生物化学特点。

协和医院用精密仪器检测到，拉萨日紫外辐射总量为北京的3.1倍，最强辐照度为北京的2.6倍，>20瓦／平方米的强辐照时间有8小时，而北京10瓦／平方米左右的中度辐照仅有3小时。2004年，西藏自治区卫生厅联合美国赛瓦基金会等在西藏山南（农区）、那曲（牧区）、林芝（林区）三地区，对多达5000名眼病患者进行了抽样调查，结果与协和医院相同。西藏白内障发病率约为14.6%，比我国其他地区相同年龄和性别人口的白内障发病率高出约60%，患白内障与日照量呈正相关关系。西藏患盲率为1.4%，其中西藏第一致盲眼病——白内障患者占50.7%。

为了保护眼睛，要特别防御以下几种伤害：

避免阳光直射眼睛

眼睛是人体唯一一部精密光学器官，十分娇贵，一旦受强光（包括看不见的紫外线）照射就会受伤，受了"硬伤"则不可恢复，没有配件更换。我尊敬的老领导茅部长听说我去援藏，特意打来电话嘱咐我要防护好眼睛，他当年的秘书在甘肃工作时眼睛受了伤，后调到北京工作，在全国各大医院、找各种专家治疗，最终也没治好。我听他老人家的话，临出发前专门在北京配了一个比较贵的变色镜，援藏期间一直用得安心，眼睛没出问题。

避免雪地反射伤眼

直视雪地如同直视阳光！后果是发生雪盲症。防护办法是戴墨镜或变色镜。地面反射是影响地面紫外线强度的重要因素之一，草地、泥地和水面反射紫外线不足 10%，沙地反射 10%~25%，但雪地会反射多达 80%~95% 的紫外线。不直视阳光很容易做到，但不直视雪地很难做到，所以人易发生雪盲症。雪盲症也叫电光性眼炎，是紫外线对眼角膜和结膜上皮造成损害引起的暂时性失明。由于常在登高山、过雪地和极地探险时发生，因此得名雪盲。未配戴保护装置的焊接作业人员也可能发生类似症状。在雪地中活动，不戴护目镜几小时就可能雪盲，暂时失明。一般戴上纱布休息 1~3 天可恢复，严重的要 1 周。雪盲可重复发生，多次雪盲可导致视力下降、失明。西藏牧区百姓很早就发明了用牦牛毛制成的眼镜，可减少光线透过，防患雪盲。

眼睛无疑是人体最需要精心呵护的器官之一。套用成语"明枪易躲、暗箭难防"来形容，高原上有一把明枪，两支暗箭伤害眼睛。强烈的阳光直射是明枪，阳光中的紫外线是夹带其中的一支暗箭，它们都是外部伤害，相对

图 2-76 牦牛毛制成的"眼镜"

注：模特为那曲牧民才崩，由于太阳镜的普及，目前这种"眼镜"几乎无人使用。

好躲，更暗的一支暗箭是缺氧，比较难防，许多人没意识到，它从身体内部伤害眼睛。

据我所知，第七批援友中有3人眼睛出了问题，其中单眼失明1人，紧急中断援藏回京治疗一段时间后基本复明或者说是单眼局部失明。另外2位是单眼横向"一条"和单眼纵向"一段"看不见了，需要低抬头或适度转头弥补视觉盲区。西藏百姓中的眼疾也常发生。我援藏的单位里有一位女同事的妹妹梅朵（化名）在山南地区工作，我刚援藏时在院子里见过她。因为她和姐姐长得像双胞胎一样，我认错过人，所以印象很深。姐俩都个子不高，瘦瘦的脸庞，然而再次见到妹妹时，胖得不认识了（吃激素导致的满月脸），人也不会走路了，由姐姐搀着，原来她双眼失明了！姐姐说已去过北京几家大医院治过了，有一段时间视力有所恢复，但回到高原后，现在已什么都看不见了，家里已没有办法只能认命，具体原因不知是缺氧还是紫外线照射，但肯定和人在高原有关。

"在大脑所有的功能区中视觉对缺氧最为敏感，最先发生障碍的是暗视觉。"（引自《慢性缺氧与暗适应》）

"在高原环境下，人体处于缺氧、交感神经兴奋等应激状态中，为保障满足机体正常的生理机能需要，机体血液进行重新分配，以满足心、脑等重要器官之需要，故机体眼部的血流量减少。缺氧时，血液中的血红蛋白、红细胞异常增生，血液黏滞度增加，血液变慢。""对250名世居在海拔3700～4300米处的健康居民进行眼底检查，结果显示，眼底表现异常者占72%。异常表现包括：动脉充盈，静脉怒张，视乳头充血。"（引自《临床军医杂志》）

风雪中驾乘防"雪晕"

"雪晕"是我起的名字，特指冒雪行车时间较长时，令驾乘人员感到恶心、头晕的一种现象,这是我在那曲驻村期间遭遇过的。据"老西藏"说,在那曲、阿里等地跑长途时可能会遇到。在天气喜怒无常地段,刚刚还是晴天响日,瞬间下起鹅毛大雪,无处躲避更不敢停车,能见度降低到只有10米不到,打开双闪灯后面的车也不易发现,如果停车被追尾的可能性极大,只有硬着头皮沿着公路慢速前行。大大的雪片子排山倒海般连绵不断砸向挡风玻璃,被雨刮器刮开一批又来一批,撞击眼球,冲击神经,激起你全身高度警觉,大脑一刻不得放松。这种情况坚持1分钟没问题,3分钟也可以,超过5分钟就会恶心,持续10分钟人几乎要崩溃!不去看?根本不可能!可以虚着眼睛往远看,抗拒眼前这些下意识的躲避。自己闭上眼睛不管,独自让司机处理更危险,提醒、鼓励、坚定信心的话由谁来说呢?此时此刻必须同舟共济,与司机师傅同甘共苦最安全。此外,还要作最坏打算,这样的坏天气也许会持续半小时以上,必须咬牙坚持。而一旦驶出暴雪区,最好让司机下道休息,恢复视力,缓解紧张。更好的是提前看天气预报,选择好天气上路。万一真碰上了,要有心理准备。

实用防晒"装备"介绍

人的皮肤经不起西藏的太阳晒!西藏的"太阳"不是平原的"太阳",建议不要用自己的皮肤亲自试验。大家可以在网上搜查"骑行去西藏",看看小"鲜肉"如何变成"烤肉"的照片就可以认识到问题的严重性。

防护的办法之一是涂抹防晒霜。当进行其他露天体育运动,如打球、踢球、登山,必须涂抹防晒霜,防护身体皮肤的裸露部位。而且应当选择防护倍数较高的,如PA+++,SPF50+的产品。援藏3年需要多准备几瓶。

PA是防晒黑指数,抵抗UVA。以PA后"+"数区分等级,PA+表示有效;PA++表示相当有效;PA+++表示非常有效。SPF是防晒伤指数,抵抗UVB。UVB比UVA能量高,更容易伤皮肤。防晒伤指数SPF,

是 Sun Protection Factor 的缩写，SPF= 用防晒用品后出现红斑的最短日晒时间／用防晒用品前出现红斑的最短日晒时间。SPF15 表示 15 倍，假设紫外线强度不变，一个人如果待在阳光下 20 分钟皮肤变红，当他涂抹 SPF 15 防晒霜后，可延长 15 倍的时间，也就是在 300 分钟（5 个小时）后皮肤才会被晒红。

防晒剂分两类：物理防晒剂和化学防晒剂。物理防晒剂是将超微粒的氧化锌、氧化钛涂抹到脸上形成一面"镜子"，反射和散射紫外线，从而避免紫外线直接接触皮肤。这类防晒剂要与其他油性溶剂物质稳定地调和成霜，防晒指数越高就越厚重，涂抹在面部，肌肤泛白，颗粒性较重，容易阻塞毛孔。部分人士容易产生不舒服的负担感，不愿意使用，或者不擦足够的量，使防晒效果打折扣。化学防晒剂是将紫外线吸收后再以一种较低的能量形态释放出来，这样减轻紫外线直接损伤肌肤。这类防晒霜的优点是质地清爽、不泛白、不油腻，适合所有肤质。但这类防晒剂不持久，防晒指数越高，化学防晒剂添加的越多，有腐蚀性，擦过多的防晒霜还容易渗入皮肤，引发过敏等问题。所以，化学防晒好看，物理防晒好用。人在高原，建议以实用为主，选物理防晒产品。

不过，以身试"晒"的驴友们口口相传的名言是"什么防晒霜都比不上包头戴帽"。"包头戴帽"最物美价廉的是使用飞巾，也称魔术巾、百变巾，防护头部、脸部兼顾脖子，必要时可覆盖整个头部，比口罩实用，特别适合骑行、旅行、走路。回平原也可用于减轻雾霾、防吸汽车尾气。

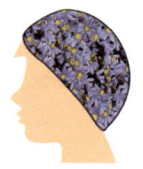

图 2-77　魔术巾佩戴方法

| 第二章 | 生存——西藏是检验身体的地方

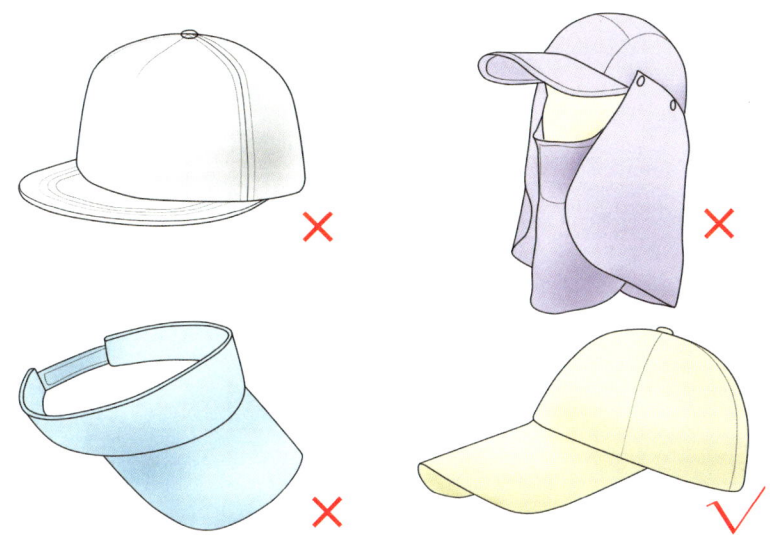

图 2-78 遮阳帽的选择

遮阳帽是援藏必不可少的装备，选择长舌的有纯棉内圈的最好。仅有帽圈会晒头顶；全化纤的容易起静电把头发搞乱；钓鱼帽，带"屁帘"的那种挺实用，但是看着不顺眼，作为游客戴可以，作为援藏干部有些场合戴不出去。防护四肢，穿长袖衣、长裤和长袜。我援藏期间，除踢球以外，没有外穿过短衬衣、短 T 恤、短西裤，西藏没有这种气候需要，压根不必带。

如何防干燥

每次回西藏，无一例外鼻子会潜血 1 周，援藏 3 年往返西藏与平原之间 20 多次，鼻子潜血发生 20 多次，严重的几次还流鼻血，几天后自动好。这是高原气候干燥带来的后果。地球水汽 90% 集中在 3000 米以下低层大气中，空气湿度随海拔增高而迅速减小，海拔 2000 米时湿度不足地面的 1/2，5000 米处只有 1/10。因此，在平均海拔 4000 米的地方援藏，防干燥也是生存必修课之一。

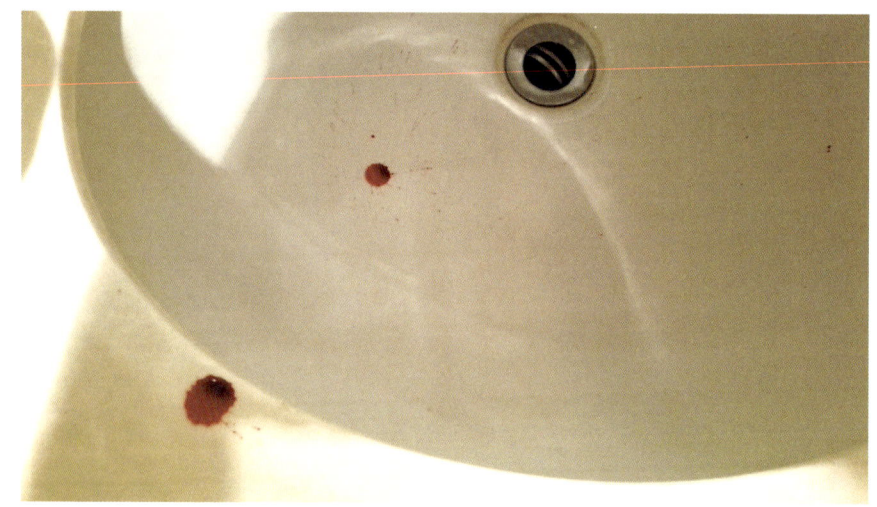

图 2-79 盥洗盆里滴鼻血

多喝水

在高原的饮水量大约比在平原多喝 50%！增加较多，请不要不耐烦、掉以轻心。小便次数和尿量增加 30% 左右，部分水份会从呼吸道和皮肤表面跑掉。最好学会喝酥油茶，既入乡随俗，又补充了水、能量（酥油）、维生素（砖茶）和矿物质（盐巴）。援藏做到杯不离手、水不离口就对了。

涂眼膏

晚上休息前鼻孔涂红霉素眼膏，使用双头棉棒，一头涂一个鼻孔，连续涂 2 个晚上，鼻子就不干了。我援藏期间，双头棉棒买了一包共 100 根，用了 3 年没用完，红霉素眼膏买 2 管，因为 1 管可用 1 年以上，3 年总花费才 5～6 元，这个问题即可解决。

| 第二章 | 生存——西藏是检验身体的地方

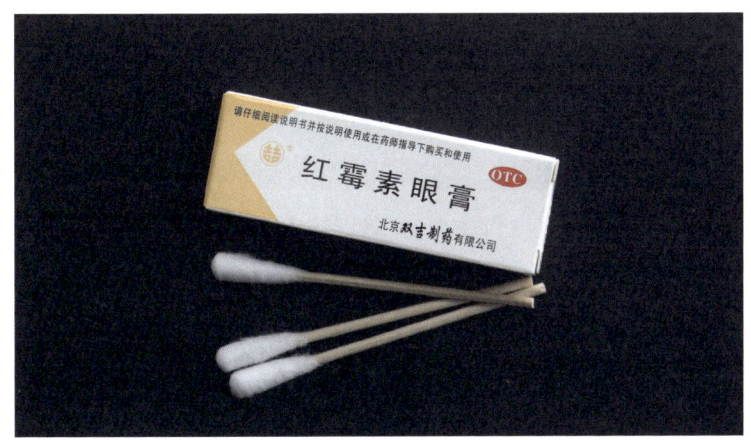

图 2-80　红霉素眼药膏及棉签

涂红霉素眼膏也是治疗鼻腔内结痂的有效办法。鼻腔内结痂可因吸氧操作不当偶尔发生，也有可能与选择了劣质的吸氧管有关。操作不当一种情况是管头触碰到鼻腔内某点，持续压迫引起局部发炎，另一种情况是氧气管阀门开度过大，氧气持续吹向鼻腔内某点引起发炎。两种情况都属轻微外伤，均需要治疗，涂点药膏就管用。

关于选择吸氧管。鼻饲吸氧管最有科技含量的设计是入鼻双头部分，每个头都有"喇叭口"形状，双头之间距离合适，双头与小抵片之间的弯曲夹角符合生理特征。劣质吸氧管除了塑料味重、弹性小、易老化变硬、使用寿命短以外，还有可能"喇叭口"不明显，当氧气流量调到合适时，"风"声较大，夜深人静时吵人，无法入梦。还可能弯曲夹角不准、双头偏长，碰鼻腔会造成鼻腔内外伤，剪短一点可以解决，但又要避免剪口太锋利。质量较好的氧管，管头部分含硅胶成份多，手感较软，没有怪味，管径略粗，入鼻双头部分"喇叭口"明显，氧气流动的"风"声将有将无，不影响睡眠，双头长度和弯曲度贴合鼻腔，虚搁在鼻腔内，基本不接触鼻子。我援藏后期专挑硅胶成份多的买，价格贵几块钱，但使用寿命长，反而更划算。

坚持使用加湿器

无论夏天、冬天都需要将加湿器摆放在卧室内、枕头旁，可选择静音、5升以上、带自动控制湿度的，冬天最干燥时段可同时用2个加湿器。拉萨的自来水水质不错，比北京自来水水软，可直接灌进加湿器，水垢不严重，半年左右清洗一次即可。

总之，援藏是特殊工种，要保证身体健康，提高援藏成效，需要特殊保障。这些特殊保障不是可有可无，而是需要准备周全。周全并不是花钱越多越好，主要是看花心思多少。像深度腹式呼吸、辅助吸氧、用电热毯、加湿器、吹干头发、增减衣物、鼻子涂眼膏、皮肤抹防晒霜、戴飞巾、墨镜、长沿帽，这些实用的方法和普通的工具，花费并不多但防护效果很好。不建议带着"节俭"的思想和"凑合"的作风来援藏。高原无小事，要认真，每分钟、每件事都要认真。特别是对于要命的"高原缺氧"，一定要头脑清醒。拎得清，想明白，不玩命，该花的钱就要花。不能完全相信感觉，因为恰恰是感觉不明显的缺氧对人伤害最大。要发挥人的主观能动性，主动预判和识别外界无声无息的伤害。那种别人提醒了还自欺欺人，缺氧了就是不测量，以为不测量就不缺氧，明知缺氧了还拒绝补氧，以至嘴唇紫绀，头脑发晕，反应变慢，

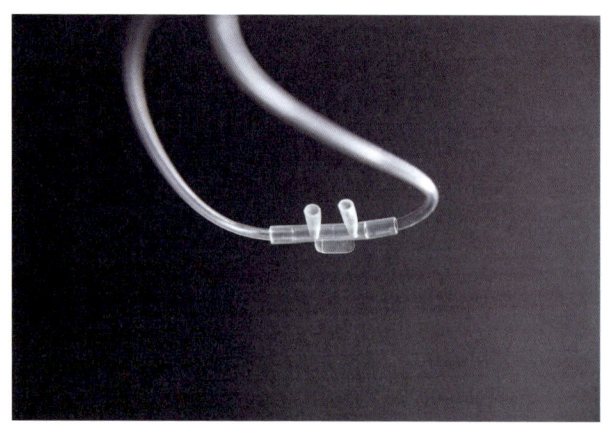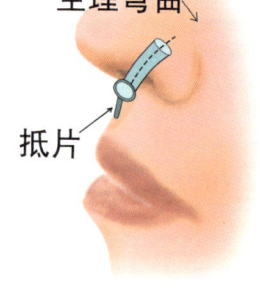

图 2-81　"喇叭口"吸氧管

睡眠变差，身体健康每况愈下，却依然我行我素，保持或纵容自己"节俭"和"凑合"，默想反正组织上没有要求做我就可以不做。那样是大错特错，对生命的不够尊重，最后失去了健康会追悔莫及的。生命是用来好好活的，不是用来节俭凑合的。这样的同志最好不要加入援藏队伍，组织部门挑选援藏干部应当考虑作风条件，优选作风严谨、认真的，对于大大咧咧、满不在乎的要加以限制。

第三章 工作
——援藏最需要科学和创新

援藏为什么？在藏干什么？离藏留什么？是援藏永恒的话题，所有援藏干部必须以实际行动回答的问题。国家派我们来援藏，不是到西藏出差、到拉萨上班，更不是派我们在受援单位工作几年，而是派我们来发现问题、解决难题来的。援藏干部必须对得起国家的信任，对得起这里淳朴忠厚的百姓，必须真心付出、倾情奉献，使出我们全部的聪明才智，创新思维，引入科学，为西藏人民谋幸福，给西藏百姓添吉祥。以下以摘录援藏日记方式，向大家报告我援藏所做的五项工作。

"爱国之旅",从内心深处改变认知

比如县是那曲东三县之一,人口构成复杂。茶曲乡有达木寺、骷髅墙,宗教意识强烈。达勒村有上百户人家、近 700 名村民,在西藏属于巨大村落,经济发展相对滞后。从西藏腹地这样的乡村带出一批干部到北京、天津"爱国之旅",从构想、决策到实施每一个环节都很不容易。

要创新思维想做事 我们带着任务来驻村不是"住"村,要真正了解"上级的指示"是什么?中央派我们援藏的根本任务是什么?认真考虑以往的经验是否依然适用?循规蹈矩的工作方式是否能让西藏同胞欣然接受?创新是引领发展的第一动力,创新是工作取得突破的关键,要将创新理念带到援藏工作中、融入驻村工作的方方面面中。

有责任担当会做事 必须走村入户到群众中去调查,发现问题。"许多人的调查方法是错误的。调查的结果就像挂了一篇狗肉账,像乡下人上街听了许多新奇故事,又像站在高山顶上观察人民城郭。这种调查用处不大。"我通过给初中生讲汉语课、带孩子们在晒草场踢球、为学龄前儿童播放动画片,逐步融化了驻村之初的冰冷与隔阂,"李老师"在达勒村叫响起来,孩子们会直接跑到我宿舍来问问题或借足球。2014 年 3 月起我已经能够到普通村民家串门拉家常,近距离与村民聊天、喝他家的酥油茶、记住他的名字了。经过 3 个多月"同吃同住同劳动"我发现,村子里最大的问题是人们不在一个频道上想问题,不能同频共振的原因是没有生活在同一个世界里。面对面,身挨身,听到说话声,心却隔很远。记得康德说过"世界之所以是这样的构成,取决于你的认识。"渐渐地,我萌生了带村干部"走出去"的想法,我想带他们看看大山外的世界,接触雪域外的文明,想通过增长见识转变思想观念,拉近彼此的距离。我向上级领导汇报了我的想法后得到了支持,与村两委商量后他们强烈要求组织,"李主任带我们去北京"的呼声也大起来。

有组织保障做成事 依靠组织、相信群众、严谨细致、精心操作。"爱国之旅"得到自治区国资委和比如县委的批准,茶曲乡旦达书记顾全大局,自己放弃带队机会为其他村争取名额,北京国旅总社有效安排行程并派出优秀导游,北京西藏大厦给予我们关照,在北京挂职锻炼的多名西藏干部友情帮助,最终我全程带领比如县茶曲乡的1名副乡长和达勒、多托、优普、昂永、玛库、郭那、耐秀村11名村干部于2014年4月4日至11日圆满顺利完成了"爱国之旅"。西藏卫视跟踪拍摄,《小康》杂志给予报导。

当时记录的行程日记简单摘录如下:

2014年4月3日　星期四　拉萨　晴

晚上甲措书记、张汝振组长共同为村干部赴京"爱国之旅"饯行。

图3-1　临行前合影

2014年4月5日　星期六　北京　晴

4月5日安全顺利。早晨按时出发,瞻仰毛主席遗容,参观故宫、北海,回宾馆休息。明早参加升国旗仪式、上午游览长城、下午参观奥运场馆。

今天北京天气难得的好,蓝天如碧,万里无云。我们都说是藏族同胞带来的。天安门广场瞻仰毛主席遗容的人很多,多数是外地人,还有外国人。排队近2小时,我们的村干部谦虚有礼,按顺序跟进,素质较高。

2014年4月6日　星期日　北京　晴

4月6日安全顺利。为参加升旗仪式4点多起床,全体队员忍受着平原"醉氧"反应无一迟到。之后去八达岭长城,比大批游客提早10分钟上山,成功避开了旅游高峰,并且遇到了难得的晴朗天气,游览得清爽舒心,下午到鸟巢参观,仍然顺利。

晚上聚餐,4位在京国资委同志参加。明天参观北京韩村河村,领略北京新农村建设情况。

2014年4月8日　星期二　北京　雾霾

4月7日和8日均安全顺利。

7日参观北京韩村河村(近周口店北京人遗址),在村民住房间穿行,到蔬菜大棚和农户家参观,在山庄宾馆就餐,亲身感受北京新农村建设取得的成绩,收获较大。

8日乘坐高铁往返天津,参观周邓纪念馆,领略市容市貌,下午乘船出海,这也是藏族干部们一生中第一次见到了大海,令他们终身难忘。参观途中大家遵守纪律,团结互助,开阔了视野,增长了见识。嘎玛在洋货市场买了一个弹弓子。

2014年4月10日　星期四　北京　雾霾

4月9日安全顺利。大家身着藏装乘坐地铁到雍和宫拜佛,虔诚之心由内而发。下午购物,返程前准备。昨晚会议商定,拟11号晚住拉萨,12日集体返回茶曲。

| 第三章 | 工作——援藏最需要科学和创新

图 3-2 "爱国之旅"结束后回到拉萨

2014 年 4 月 11 日　星期五　拉萨　晴朗

中午回到拉萨。丹洋总经理在西宾设宴为考察团接风,席间村干部给我献哈达,行贴脸礼,表示感谢。我感谢大家支持共同完成这次活动,同样请大家感谢国资委和比如县,特别是茶曲乡旦达书记为了村干部舍弃"爱国之旅"的机会,更要感谢祖国的繁荣强大,让我们能够乘坐飞机、高铁、轮船。大家回家后要思考,每个村、每个人、我们的孩子将来怎么办?我答应发给每名村干部一个属于自己的 U 盘,里面有照片和视频,纪念此行,大家热烈鼓掌。明天送大家回村。

2014 年 4 月 13 日"爱国之旅"结束后,乡村干部们一致反映考察活动极其难得,收获巨大,增强了改变家乡落后面貌,实现长治久安的信心。看到他们发自内心的喜悦,我的心情也很激动,写了一首诗:

《驻村—爱国之旅》

藏历木马二月春，茶曲干部七个村，
爱国之旅京津走，爱国教育文明熏。
天安门前观升旗，渤海湾里看大海，
主席灵榻献白花，总理故居寄哀思。
八达岭上杏花开，故宫金顶太阳照，
雍和宫内拜佛祖，鸟巢场外放风筝。
京郊考察韩村河，自强致富选样板，
援藏驻村把脉准，长治久安求根本。

"爱国之旅"为驻村工作转型作出了示范，我想无论是带着藏族同胞走出去，还是将新知识带进来，积极响应群众呼声，认真办群众想办之事，藏族同胞的公民意识和文明意识提升，才能真正实现西藏的长治久安。

"衣旧"情深，让援助更精准

村里的孩子们天真可爱，但生活艰苦，饭已经可以吃饱，但穿衣穿鞋实在太差，破、旧、脏、差全占满了。城市里孩子淘汰不要的衣服和鞋比他们穿的要好上几倍。以前村里也搞过捐赠，工作粗枝大叶。拉一车校服、鞋和书包到学校，领导先讲话，孩子们在下面站着听，讲完了一人发一份，边发边照相，不管合适不合适，需要不需要。如果我不驻村，我也看不到孩子们袖口领口里面的内衣破烂，看不到鞋子破了露出了脚趾，看不到他们有的还没袜子穿，鞋子大小不合适孩子就趿拉着跑和玩儿。我要做，就一对一，从里到外，从上到下，一年两季，按孩子的需要捐，认真做好每一个细节。

招募捐赠者

我将需要援助的名额分配给北京、深圳、天津、青岛、陕西等地的同学、好友，没用多久时间，名额就被抢光。发布内容如：

"深圳方面：西藏自治区国资委负责驻村的某村百姓朴实善良，但生活艰苦。现招募20个孩子的全套衣服捐赠者。不要求新，但要求干净。不要名牌，但要求从上到下，从里到外全套，即内衣裤、外衣裤、薄羽绒服、帽子、鞋子、袜子都要有。要求按孩子的尺寸捐赠，一人一份。具体样式看孩子们的照片。李晓南于拉萨2015年5月14日"

发孩子信息

接受捐赠的村子必须事先提供孩子的姓名、性别、年龄、身高、鞋号、联系人、照片7要素，缺一不可。单独要鞋号是因为藏区孩子脚的大小与年龄往往不相符，同龄孩子的脚大小相差较大。要照片最难，但我坚持要，我必须让捐赠人看到是给哪个孩子捐，这既尊重捐赠者，又便于捐赠者（往往是女士）搭配衣服和鞋。拍照由驻村工作队员亲自办。用相机或手机照，之后导入电脑做成文档发给我。

但在实际拍照过程中，我发现有的孩子相当紧张，僵在那里不敢动，感觉她们都很害怕拍照。咨询了前几任的驻村干部，他们说这个村的村民不接受照相。看来做好事也不能"任性"，还需要提前熟悉一下当地人的思想观念，是否能够接受"新事物"。通过这件事也让我深刻理解"提前沟通再做事"在援藏工作中的重要性。

组织认领、捐赠

事隔4年，在本书的编辑整理过程中我再一次看到捐赠认领表，表上有我许多好同事的亲笔签名。我在这里要向大家抱歉：2016年我结束援藏回到机关和你们见面时，并没有就此事一一感谢，因为我也记不住都有谁参与了捐赠。在此我替那些得到你们关爱的西藏孩子和家长们道

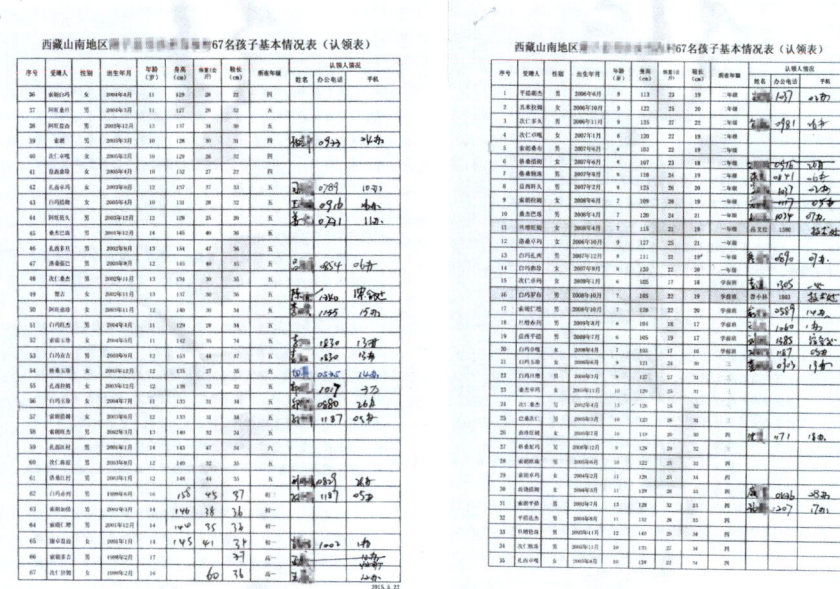

图 3-3　认领表

声感谢！也对你们对我援藏工作的鼎力支持表示衷心感谢！祝各位及你们的家人幸福安康，扎西德勒！

我驻村安全、顺利、比较成功的经验有 5 点：

1. 科学驻村是前提：氧不离口，棍不离手，身体安全第一。

2. 乐观精神是支撑：不怕艰苦，乐观对待，心理安全第一。

3. 独立思维是关键：实事求是，结合实际，解决真问题，真解决问题。

4. 务实求真是基础：不说虚话，不办虚事，换得心灵安宁。

5. 团队作战是保证：你不是一个人在驻村，依靠组织，依靠群众，依靠家里。

其中有团队支撑非常重要。

2014 年 6 月 1 日　星期日　达勒

下午开驻村队总结会，和边巴、达娃、古桑谈心。

整理村里孩子的基本情况,准备为他们启动捐衣物宣传。这是驻村办的第四件事,纯属个人行为。让那些爱心爸爸妈妈有释放爱心的渠道。我要求从里管到外,内衣、外衣、鞋,一管管两季,夏季和冬季。村里要搜集孩子们的照片,分牧场和村内的,还有优普的几张。孩子们稚嫩可爱,但又高度害羞,穿着脏兮兮,这种反差是真实的,是父母带给的,环境带给的,也是可以改变的。突降的爱,可以改变孩子一生。

图 3-4 受捐赠的物品之一

2015 年 6 月 4 日　星期四　拉萨

今天早晨交了一篇《一年的援藏工作》给监事会工作局。民生方面工作第四项,建立精准捐赠系统延伸援藏范围。组织平原地区过百名爱心人士,2014 年为 52 名、2015 年为 134 名藏族孩子捐赠衣物和学习用品。我根据驻村经验,提出要求,受捐方必须提供孩子照片、姓名、性别、鞋号等 7 要素,捐赠者选择孩子后提供孩子从上到下、从里到外的全套衣物,寄送拉萨再统一由专车送到村里。监事会许多同志参与了捐赠,爱心到达雪域。楼庭处长为活动起名"衣旧情深",贴切,有才!

消灭垃圾,就地、密闭、高温、焚烧

偶然发现,在我最喜欢的这张援藏里程碑照片里,我竟然与垃圾同框。

图 3-5　作者在 317 国道驻村路上　图片作者：丹增古桑

这是 2014 年初在驻村路上随机拍摄的一张照片，这证明西藏生活垃圾散布密度已经相当大了。我从那时起开始调研，从 2015 年 5 月起与十几名援藏干部、博士团成员和自治区环保、发改、住建、拉萨市环卫局等部门同志发起成立了解决西藏垃圾问题研究小组，我担任组长，继续经过半年多的深入调查和研究，认准了问题，找到了答案，也向自治区提出了建议。

西藏生活垃圾问题严重　这一问题不仅表现在沿公路两旁到处都是垃圾，据悉，最高峰期的一天内，从川藏、滇藏、青藏、新藏 4 条路线骑行进入西藏的人员就可达 9000 人！西藏主要公路两旁、沿江、沿河已经脏到了令人难堪的地步，已经达到了"目力所及、垃圾成线"的严重地步，而且占总量 2/3 的农村生活垃圾（大约 2000 吨／天）高度分散在村庄、寺庙、旅游景点，处于失管状态，随风而去、随江漂流、露天焚烧，无人问津。更为严重的是建设和管理思路僵化和错误，导致这种严重的情况将继续存在。建设上，没有根据西藏地广人稀、垃圾量小且分散、集中收集处置成本高、气候干燥、土壤中细菌较少、垃圾难以降解的特点选择分布式就地消灭的方法，而是一直延续填埋方式。原因竟然是对口援助的省市当时以填埋为主，所以拉萨选择填埋，于是全自治区选择填埋。20多年来西藏不断增建垃圾卫生填埋场，截至2015年底全区7地市73个县的周边共建设了大小130多个填埋场，始终未优化调整过思路。管理上，日复一日、年复一年地将目前已占总量1/3的城市生活垃圾（大约1000吨/天）邻避转移到垃圾卫生填埋场进行堆放。只堆放，不填埋！以拉萨市生活垃圾卫生填埋场为例，一个台阶每天倾倒4～500吨垃圾，3年左右堆满，然后一次性覆土填埋，之后再开辟一个新台阶继续堆放。5个台阶填满后，10多年过去了，再更换地址新建垃圾填埋场，留下一个旧垃圾场继续花钱维护。目前曲水县聂当乡的垃圾填埋场就是拉萨市的第2座填埋场。西藏的130多个垃圾卫生填埋场成为西藏最不卫生的集中污染、永久污染、源头污染之源，以及可再生资源的浪费场。

建设和管理思路有问题 据当地干部群众反映，近10多年垃圾数量增长最快。这与青藏铁路2006年开通和近年来区内道路交通持续改善的时间

图3-6 大自然中的垃圾

契合。从垃圾场拾荒人员捡拾结果也可以佐证，金属类垃圾，以红牛饮料铁罐和百威啤酒铝罐居多，这两种饮品进入西藏市场不超过 15 年。包装物垃圾多数是外来运输到高原的，没有减量包装限制或强制回收要求。这些垃圾永久不能离开西藏。不可降解的 4 种垃圾：塑料、玻璃、橡胶、金属，混杂在污秽的生活垃圾里，相当于埋下了人造污染定时炸弹。随着地质变迁，雨水冲刷，持续污染着西藏的土地、山川、河流、空气，伤害着牲畜，浪费着可再生资源。

<u>没有出口、无处消纳是西藏自治区垃圾问题的关键</u>　街道社区寺庙旅游景点收拾得再干净，节假日再组织学生们在河边、路旁、林卡捡拾平时难以看见的垃圾，再辛苦也都变成了邻避行为。据了解，全区唯一的垃圾焚烧发电项目已安排在曲水聂当县乡的拉萨市生活垃圾填埋场，截至 2016 年末由于垃圾数量不足难以开炉，高原空气稀薄焚烧缺氧温度难以达标，项目再度搁浅。

援藏 3 年，我持续两年半业余时间未中断地调研西藏垃圾问题，咨询过

图 3-7　露天焚烧垃圾

住建部分管领导和专家,自治区内到拉萨、日喀则、贡嘎机场垃圾填埋场,区外到汉中、北京、深圳、成都垃圾焚烧场和再生资源回收现场,请到了武钢、宝钢、中节能三家中央企业,华中科技大学、西藏大学、天津大学三家高校不同程度参与调研,召集了 5 次研究小组会议,与自治区住建、发改、环保、环卫部门同志反复讨论,其中一次还荣幸地请到多吉院士。最终我们形成**"就地、密闭、高温、焚烧"思路**,一方面向西藏自治区分管领导和部门提出建议,另一方面着手试验准备,验证高原焚烧的经济性,在不同海拔高度、不同季节焚烧成本,包括柴油制氧助燃与柴油助燃

图 3-8 垃圾焚烧炉

注:垃圾焚烧时,焚烧温度较低,塑料瓶处于半融化状态。

的搭配比例。同时,倒逼建立可再生资源回收体系,因为入炉前必须捡拾掉垃圾中的金属和玻璃,这两种物质不得入炉。配套试点建立入藏旅游者捡拾垃圾制度,入藏物资减量包装和包装物回收制度,从源头减少垃圾产量。

我们小组认为,解决西藏垃圾问题意义重大。保持世界第三极、地球上最后一块"净土"干净,东道国责无旁贷,这是全世界对中国文明素质、社会治理水平的检验。我们拭目以待,希望西藏按照或优于我们的思路解决好西藏垃圾问题。

图 3-9 蓝色的地球

采暖,利用自然改善民生

"居无暖室"是西藏另一个具有高原特色的基本民生问题,主要涉及农牧区人口,大约占全区人口的 2/3,近 200 万。这部分百姓温饱的"温"的问题未根本解决,延续上千年的烧牛粪取暖习惯,带来一定的草场退化,而身边最优质的太阳能资源没有有效利用起来。解决这个问题涉及西藏能源建设思路。

电力是主力军毋庸置疑,能够让百姓过上现代化的生活,照明、通讯、打茶、电视机等现代家用电器产品都离不开电能驱动,但是那曲、阿里等一些偏远的高海拔地区,一是县乡村人口太少,用电负荷太小,电力落地成本太高。二是存在游牧迁徙或扶贫搬迁的可能,不敢轻易下决心投资。如2017年6月18日雪域高原上演了一场藏北牧民南迁的人类迁徙壮举。"脱贫光荣团结一心共奔小康"的横幅挂在11辆大巴车身上。尼玛县荣玛乡加

图 3-10　2013 年 12 月,丁青县

注:傍水,水资源丰富;依山,山上植被稀松;牛粪堆,高原分布式能源;蓝天,最优质的太阳能资源。

玲加东和藏曲两个村262户的571名村民乘坐这些大巴车,从海拔4800米的家乡搬迁来到了1200千米外的拉萨市堆龙德庆区。这里海拔3800米"环境宜人,交通便利,区位优势明显",而荣玛乡地处藏北高原腹地,藏羚羊栖息地,人类生命禁区,"饮水困难,就医不便,全乡风湿病、心脏病高发,鲜有白发苍苍的老人,人均寿命不足60岁"。

　　陶瓷太阳能有望成为最适合青藏高原的一种经济实用的采暖方式,令人兴奋的是,这种创新产品使用的是人类最古老的生活材料——陶瓷,性能稳定,价格低廉,寿命超长,在采暖方式上继续延续着分布式方式,

图3-11　陶瓷太阳能

图3-12　达扎寺使用了陶瓷太阳能

却巧妙地以陶瓷接受日晒为房间加热部分替代了燃烧牛粪，改善了生活、保护了生态。其原理是：陶瓷片黑色表面吸收太阳光能，陶瓷片背面贴覆的铝合金管翅中的介质水将热量带走储存进热水罐里，再循环到家中的暖气片或地暖中给房间加热。水循环需要少量电能，水泵功率只有100～200瓦，"户户通"光伏电源即可满足，有市电或无市电地区均可普及。

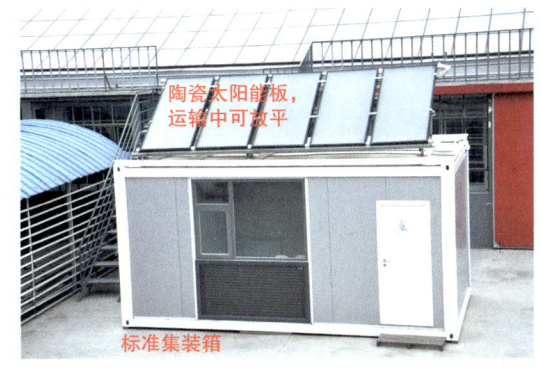
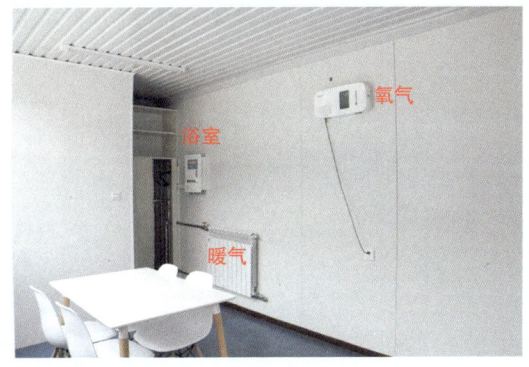

图3-13 标准集装箱改造的供氧供暖样板房

陶瓷太阳能能源转化率51%以上，超过光伏太阳能17%的2倍，与玻璃真空管相当，但成本比玻璃真空管、光伏、金属平板要低，其主材是陶瓷，辅材是铝合金和玻璃。解决的是房屋采暖的大问题，而非仅仅是洗澡、洗碗用热水的小问题。寿命50年以上，是几种常用太阳能产品中最长的，可与建筑一体化、同寿命，且功效稳定，不衰减、不怕空晒。采暖比1∶4，非常适合西藏多数为4层以下建筑的特点。目前，已在日喀则桑珠孜区办公楼传达室、拉萨经济技术开发区的中科院亚洲卫星通信公司写字楼、堆龙德庆的达扎寺等建设了示范项目，取得了经验。

在我推广名单里还有便民警务站、青藏铁路值勤班房、川藏铁路施工房，将太阳的温暖送给那些守卫西藏的基层干警、天路的修建者和看护者是最应该做的事。只是这些业余工作还没来得及展开，我的援藏到期了，留下些遗憾。有志同道合的援友，可以在我所做的工作基础上继续做，我愿意提供咨询帮助。

供氧宾馆，供给侧基础性援藏

2015 年我在拉萨推动了两家供氧宾馆的改造，最终的效果甚是欣慰！

天河宾馆是小宾馆，位于拉萨市宇拓路，西侧隔壁是自治区迎宾馆。天河宾馆的客房总数尚不足 80 间，地理位置非常优越，出宾馆大门左手步行 700 米可到大昭寺，出门右转 100 米再右转步行 500 米即可行至布达拉宫南广场。改造前的天河宾馆硬件差、房价低，经营惨淡。三层高的 L 型建筑第二层和第三层作客房，一层临街的出租作商店卖床上用品，不临街的出租给别人经营餐馆。但天河宾馆本身没有餐厅。一层和二层大堂还见缝插针地辟出柜台出租给个体户卖旅游产品，四层是加层，只在临街这边才有一个通长的大厅，出租作了台球厅。

冬季是拉萨旅游的淡季，天河宾馆的房价双人间最低不足百元，比打台球的收费还低。在拉萨，天河台球俱乐部的名气甚至比天河宾馆还大。天河宾馆地处世界旅游目的地首府的核心地段，夹在两个世界文化遗产中间，地理位置的优势没有发挥出来。

2014 年末，宾馆报来装修请示，理由是提高消防等级、卫生间档次，更新部分铝合金窗户，更新全部家具，简单说就是常规的升级装修。

我建议增加制氧，改造成为供氧宾馆，在宇拓路上众多的小宾馆中独辟蹊径，创新经营。没想到，这个建议宾馆不同意，宾馆的上级公司也不同意，都认为没有用，因为没人吸氧！平原地区的客人要吸氧就在楼下买个氧气喷罐就是了。

经过我苦口婆心地做宾馆及上级公司的思想工作，亲自帮助引入制氧设备生产厂家,说服厂家以EPCM(设计采购与施工管理)+自租赁方式,帮助天河宾馆投资建设运维供氧系统,天河宾馆不仅"零"投资还有钱赚,如果没人吸氧、氧气卖不出去宾馆也不承担风险。在这样的条件下,上级公司专门召开董事会表决同意,天河宾馆与厂家达成了协议。宾馆只负责提供场地(楼顶)、接电源、办理新设施的安监手续,其他任务都由厂家完成。一定年限内设备产权归厂家所有,维修保养也由厂家承担,氧气销售毛利(氧气销售的收入减去制氧消耗的电费)按比例分成,厂家拿大头以收回投资,宾馆拿小头以鼓励销售。到期后资产处置方案另行协商。最终,厂家投资200多万元,与宾馆装修同步完成了24小时供氧系统建设,将氧气送到了每间客房的床头。天河宾馆转型为供氧宾馆,打出了"供氧宾馆"的旗号。厂家以一流的服务紧紧围绕宾馆经营做

图 3-14 天河宾馆的吸氧设备

好服务工作,承担战略投资的全部风险。宾馆与厂家的利益捆绑在了一起,努力方向一致:给顾客贴心保障,让旅客安途高原。改造后的天河宾馆硬件好、房价平民,供氧因素吸引了大量平原地区的游客。宾馆的广告词是:拉

萨海拔3650米，天河宾馆海拔1650米。2015年6月开业以来，住房周期性爆满，房价随行就市上涨，经营连年好转，彻底摆脱了亏损的困扰。2017年1～3月营业收入同比增长20%，利润增长6倍，从上一年的几万元增长到了几十万元。主要原因是住店客人的结构发生了变化，区内转佛的客人比例下降，平原地区的游客比例上升。2017年还给员工涨了工资，大家都很开心。

2018年上半年，在宾馆大堂安装免费吸氧装置的工作完成，进门咨询的游客可以免费吸氧、免费检测经皮动脉血氧饱和度，宾馆总经理发消息给我："现在每天把氧气放开冒上泡，客人看起来也舒服，也可以免费吸，冒上泡也突出了供氧宾馆主题。今年的生意比去年同期相比更好。"我根据他发来的数据计算，1～5月他完成的利润同比又增长35.7%！他说："今年我又开发了淘宝飞猪网、驴妈妈旅游、途牛网。""管理细节上下了很大力度，要求全员开展微笑服务、用心工作、视客人为亲人并发动全员建立客户群等措施。"我回复他："天河宾馆逐渐地会在拉萨独树一帜，成为西藏供氧宾馆的模范。"

2018年4月1日，中国标准化研究院人因与工效学重点实验室主任赵朝义研究员在拉萨宣告，《高原地区室内空间弥散供氧（氧调）要求》（国家标准GB/T35414-2017）生效，当日启动的国标宣贯活动以视频会议形式举行。与会代表分别在拉萨、北京、上海、天津、武汉、杭州、新疆喀什红旗拉普、湖南娄底等9个与会地点发言，支持氧调国家标准的发布，表示要以此为契机，共同努力，让高原氧调机真正成为降低高原人民生理海拔的调控机，提高生活品质的福利机，促进健康的催化剂，延长寿命的延寿机，为精准援藏贡献才智与力量！

不难想象，西藏普及氧调机这一天已经到来。未来西藏的党政机关、企事业单位、写字楼、商场、宾馆饭店、百姓家家户户安装供氧系统，好比平原地区的这些单位和家庭安装空调系统一样平常。平原地区的空调系统的建立不过是近 20 ~ 30 年的事，西藏安装"氧调"机预计将会是未来 20 ~ 30 年的事。不断满足人民日益增长的美好生活需要，是我们党对人民的庄严承诺。对西藏人民而言，美好生活最需要的是氧气，解决人民生活中最缺少的氧气供应，就是我们最大的援藏任务。

第四章 生活

——西藏是苦乐兼具的地方

援藏无疑是艰苦的,但完成援藏任务,过好援藏生活,取得援藏成果,援藏又是快乐的。以良好的、积极的心态指导自己,以科学的、健康的方法使用自己,将才能与智慧奉献给雪域高原,在忙碌和充实之余,你还能发现援藏美好的一面,收获欣慰。

援藏结束后,回想援藏岁月的一幕一幕,回忆援藏生活的点点滴滴,哪怕只是援友之间默契的一次对话,单位同事给你的一点帮助,藏族同胞淳朴忠厚的一个举动,藏族孩子羞怯的一笑,都回味无穷,令人心满意足。

读万卷书,行万里路,援藏增长见识,丰富阅历。真正经历了援藏,人生不再惧怕任何困难,日子会过得更充实,活得更有意义!

吃，舌尖享受西藏的美好

饮食营养方面，西藏进步得飞快。祖祖辈辈缺蔬菜、缺水果的西藏人民，近20多年来饮食结构发生了根本性改善。西藏整体生活物资供应充足，生鲜食品供应丰富。调查证实，偏远的学校也建有食堂保证饭菜营养搭配，发水果，保证孩子们的饮食结构得到优化。拉萨的菜市场发达，管理有序。城市街头的卖菜车与平原地区的大城市一样先进，方便着过往居民。

西藏餐饮业异常发达，拉萨是美食城，不仅藏餐丰富，而且其他餐种多样。西藏 2018 年接待国内外游客人数突破 3300 万人次，也吸引了全国

图 4-1　拉萨菜市场　图片作者：杨水杰

| 第四章 | 生活——西藏是苦乐兼具的地方

各地和周边一些国家的美食传播者。来自祖国各地的援藏干部基本上可以吃到家乡菜,还可以领略到南亚近邻国家的餐饮风俗,对于艰苦的援藏生活算是个补偿。

外面吃

早餐 种类齐全:稀饭包子茶鸡蛋,油条豆浆宽米粉,藏面甜茶"夏八列"(藏式肉饼),糌粑酸奶酥油茶。肉包子有一家做得非常地道,在铜牛公园路口西南角,中石油加油站旁,比别家卖得贵,每天早上还有很多人愿意排长队购买,回头客居多。

正餐 丰富多样,藏餐以外,川菜最多,湘菜、西北菜也不少,东北炖菜、山西面食、北京烤鸭、海鲜自助、路边烧烤、纯素餐等都能吃到,外国餐有西餐、尼餐、泰餐、日餐、印餐等。2016年年初肯德基也在拉萨开店了,位于北京路和朵森格路交叉口的神力时代广场一层。从餐饮的丰富多样可以看出拉萨是多么的包容。以满足舌尖来犒劳自己,来拉萨来对了。

我们几个住得近的援友,常约着一起吃岐山臊子面、手抓羊肉、武胜猪肝面等,在小得不能再小的路边小店里,享受好得不能再好的味道。有时兴

图 4-2 西藏丰富的早餐

起还拽几句诗,记录这美好的援藏日子。

《拉萨周末》

(2015 年 4 月 18 日)

日光之城享激情,布宫脚下绿茵场,

清香斋中禁烟酒,羊肉过后手余香。

备注:前一天晚上我们一行 4 人看电影《速度与激情 7》,18 日上午我去拉萨中学踢球,中午我们 4 个人又相约吃手抓羊肉,过了一个难得轻松的周末。

图 4-3　拉萨中学足球场

| 第四章 | 生活——西藏是苦乐兼具的地方

当天日记还记下了电影最后一句台词：I used to say that I live my life a quarter mile at a time, and that's why we were brothers. Because you did, too。（我曾说过在一段时间里我的生命是在1/4英里的赛道上度过，这也是为什么我们能成为兄弟，因为你也是如此。）听了很有感触，很想模仿这段台词对援友说：我曾说过在一段时间里我的生命是在西藏度过，这也是为什么我们能成为兄弟，因为，你也是如此。

援藏干部们在雪域高原结下的友谊诚挚长久。现代中国男儿引以为豪的跨过江、扛过枪、下过乡，应加上"援过藏"。

平原地区的同事、亲戚或朋友来了，我若时间允许，便会带

图 4-4　手抓羊肉

他们到拉鲁湿地旁吃藏餐、喝青稞酒。赶在太阳落山前乘电梯到格拉丹东酒店 14 层（餐饮层），走到西头，徒步爬上第 15 层露台，喘口气，再爬一层螺旋铁梯上到楼顶，远观落日晚霞，俯视拉鲁湿地，环顾拉萨全城，全是养眼画卷，美不胜收。拉鲁湿地属于芦苇泥炭沼泽，是典型的青藏高原湿地，是世界稀有、国内最大的城市湿地。核心区占地 6.6 平方千米，沿北山脚下呈带状分布。湿地里面有一群牦牛不太走动，偶尔能见到几只黑颈鹤结伴飞过，沼泽下面有鱼和蛙。据说现在的湿地面积只有当初的 1/10 了。拉鲁湿地被誉为拉萨之肺，天然氧吧。回到 14 楼餐厅，边看湿地边就餐，心情美好，

忘了缺氧。

自己做

与平原不同的是在西藏做饭必须样样使用高压锅,没有高压锅,饭做不熟。古代没有高压锅,藏族同胞怎么煮熟食物?

煮更长时间　如藏面煮 2 遍,第 1 遍煮完凉干,吃的时候再煮第 2 遍。我吃过一次藏面,肉汤很香,但面条硬得难以接受。相比较,朝鲜冷面很软。小昭寺门口有家藏面馆,我有一次路过,恰好碰到两名普木抬着煮好藏面的敞口大锅走出餐馆,走到外面不远的水池处冲凉水,原来藏面还是过水面!拉萨烧开水只要 87℃,温度不够高,煮两遍也难熟。

用油炸　酥油油温超过 230℃,面食当然熟,但成本高,不能什么都炸着吃。

生吃　没有谁规定凡是肉必须煮或炒着吃。著名的那曲风干牛肉,纯粹的、原味的香,掰断时会发出清脆的响声,像掰断干木片,声响处一团微红色的烟尘散布空中,完成了高原生命的幻化与轮回。

图 4-5　西藏日常用的高压锅

高原的高压锅直径往往超过半米，据说军用的直径更大，用于蒸馒头和包子，在平原地区罕见。锅盖无直柄，但有气压表，锅盖边缘均匀分布着条型孔，锅沿对应地分布着若干摘挂式螺栓。生馒头、包子放进锅里后，逐一挂上、拧紧。馒头、包子蒸熟了出锅时，先卸压，再逐一拧松下来，耷拉在锅边。初见此装备，令我大吃一惊，工业产品怎么进了民用食堂？这提醒我，人在高原哦！

高原气压低，增压对保证生活质量很关键，不仅要学会加压的深度腹式呼吸，还要学会使用高压锅做饭，这也是在藏生活的基础本领之一。当然，前提是你平时做饭。

高压锅煮面条 根据面条粗细、干硬湿软，煮面时间稍有不同。对于新鲜的手擀面，水开后下锅，翻滚几下，合上高压锅盖，加阀，大火烧，冒汽1分钟，关火，用凉水直接冲锅，卸压后摘阀，捞出食用。如果是刀削面，要冒汽2分钟，很细的面条要刚冒汽就关火。接下来步骤一样。

高压锅煮饺子 根据鲜饺子、冻饺子，肉馅、素馅，懒人、劳模煮面时间而不同。懒人煮法：水烧开，饺子下锅，和上盖，加阀，鲜饺子冒汽就关火，用凉水冲锅，卸压后摘阀，捞出食用；冻饺子冒汽2分钟关火，用凉水冲锅，卸压后摘阀，捞出食用。劳模煮法：肉菜馅饺子，水开后入锅，饺子全漂上来后翻滚几下，盖上压力锅盖，加阀施压，冒汽30秒钟关火，用凉水冲锅，卸压后摘阀，捞出食用；素馅饺子，高压锅刚冒汽就关火，用凉水冲锅，卸压后摘阀，捞出食用。超市买的速冻水饺，也要煮到全漂浮上来再加压。接下来步骤一样。

和饺子面的方法。一般使用凉水，分二三次掺入面中和成。次数多了容易陷入"面水面水"死循环，软硬也不好把握。和好面后要醒面至少半小时以上。醒面时给面团盖上一块湿毛巾不失为补救面硬的办法。西藏气候干燥，面容易干硬，和面掌握稍微"软和"一些，好包。接下来，揪剂子、擀饺子皮、包饺子，与在北京相同。

高压锅烙馅饼　用温水和面，比饺子面再软些，包馅成包子状，用手压平，待压力锅干烧、油 7 分热时入锅。根据锅大小，一般放二三个，稍多油，翻一次面，双面焦黄后加压力盖但不加阀。冒汽后，小火煨 5 分钟，停火，大功告成。这时听到敲门声不要奇怪，因为"冒汽声声关不住，香气扑鼻进邻家"。话音未落，敲门声响起，打麻将的邻居进来找"四饼"了。

高压锅烙糖饼　用温水和面，比内地做烙饼面再软些，醒好的面揪剂子、擀圆皮，将麻酱与红糖一起搅拌后酌量涂抹在面皮上。用刀从面皮中心点向外切断一刀，切出一条"半径"线，放下刀，沿"半径"将面皮转圈卷成"锥桶"状，用手指封切口、封端口，保证麻酱与红糖全在"锥桶"内部，再用手掌将"锥桶"压平，根据锅大小，擀成饼状。锅烧热后，倒入适量的油，把饼放入锅中盖上压力锅盖但不加阀，小火烧 3～5 分钟翻 1 次，待双面焦黄后即可出锅食用。入口香甜脆，不禁发出感慨：高原糖饼格外香，饼香不怕巷子深！话音未落，敲门声又响起，邻居这次进来找"六饼"了。

喝，总量比内地增加一半

喝水　拉萨气候干燥，人的新陈代谢比在平原快，水分消耗得也快。我个人感觉要比在北京增加 50% 的饮水量才能平衡。拉萨的水质比北京的软。2016 年 3 月我用 TDS（Total Dissolved Solids，溶解性总固体）水质检测笔检测发现，北京的自来水中矿物质含量为 190 毫克／升，拉萨为 107 毫克／升，拉萨比北京软 44%。西藏的一些淡水湖有的比北京的自来水还要软，我在拉萨灌装加湿器时直接用自来水。不过饮用自来水还是要烧开的，时间长了壶底也轻微长水垢，稍用白醋泡泡就没了。另外，援藏干部回到平原需要格外当心烫舌头！拉萨水的沸点只有 87℃，那曲、阿里还要再低几度，在这个温度段沏茶正好，沏好后用不了几分钟就可以入口。喝惯了西藏的开水，回到平原喝茶、喝热水、喝热汤，容易烫嘴，特别是刚回平原的第 1 个月，

| 第四章 | 生活——西藏是苦乐兼具的地方

图 4-6 低沸点

习惯还停留在援藏时。

喝酥油茶 酥油茶是将酥油、盐加入煮开的茶汁中搅拌制成的饮品，在西藏地位重要，生活必需。搅拌茶也称打茶，以前使用茶桶，二尺多高的铜箍小木桶，1根比桶高半尺的称为甲洛的专用工具，甲洛上端装有铜饰，下端连接圆木板，直径小于木桶内径。热茶汁倒入后，加入酥油、盐巴，上下提压甲洛50下左右，酥油、盐、茶和水充分搅匀，达到水乳交融、油茶交融时即告完成，倒入酥油茶壶或暖壶中，一碗一碗地倒出饮用。现在多数家庭用电动酥油茶打茶机，功率100～300瓦，转速上万转，打茶在1分钟之内即可完成。但都说机打茶不如手工打的好喝，手工打的茶喝起来有层次。

酥油也是"打"出来的，但相比做酥油茶要费力得多，要达到奶液里油脂分离的地步。以前使用大酥油桶，约高4尺、直径1尺的藤箍木桶，称为雪董。搅拌工具是大号甲洛，下端连接着的粗厚的圆木板，板上对称开着4个4厘米直径的圆孔，酥油桶上加盖，防止奶液外溢，盖有中孔，方便甲洛上下运动，盖下有木条刚好卡住桶口，稳定地盖于桶上。人工用巧力上下提压甲洛几百次，煮热的奶汁不断从圆孔中和圆木板周边剧烈流动，最终搅得奶汁油水分离，奶液表面浮起一层黄色的脂肪质，这就是酥油。酥油捞出后

图 4-7 酥油茶

放入凉水盆里,妇女在凉水中用两手反复捏、攥,将酥油团中白色脱脂奶除净。待酥油坨积多时,男人们将其揣进泡软了的小牛皮袋或牛羊肚中,挤水,拍打成型,再缝好,成品酥油饼就制作完成了。每百斤奶可提取五六斤酥油。一般的酥油桶可盛装 60 ~ 80 斤牛奶,需要忙活大半天时间。现在多数家庭使用牛奶分离机。将煮热的牛奶逐渐倒入牛奶分离机,利用旋转的离心力(手动或电动),将牛奶和油脂分离出来。制作一饼酥油的油脂大概需要 1 小时,效率大大提高了,很省人工,广受欢迎。

酥油茶用砖茶。砖茶是发酵茶,古时由马帮经茶马古道靠人力、畜力花费半年,甚至 9 个月的时间运送到拉萨。西藏目前仍保留着砖茶储备制度,称为边销茶,拉萨建有储备库,储备库有库存下限要求。

茶马古道(Tea Horse Road)源于茶马互市。茶马互市是通过马帮运输,川、滇的茶叶得以与西藏的马匹、药材交易的活动。茶马互市兴于唐宋,盛于明清，一方面是中原朝廷对战马的需要，另一方面是边疆民族对茶的需要。

边疆民族肉、奶食品吃得较多，蔬菜较少。喝茶既可消食去腻，补充人体所需的多种维生素和微量元素，故有"宁可一日无食，不可一日无茶"之说，砖茶成为边民生活中的必需品。《明史》记载："秦蜀之茶，自碉门、黎、雅抵朵甘、乌斯藏，行茶之地五千余里。其地之人不可一日无此。"其中乌思藏即西藏。

交易方式，宋朝确定了"随市增减，价例不定"原则。宋元丰（1078—1085年）年间，马源充裕，100斤茶可换1匹马。以后茶价下滑，要250斤茶才能换1匹马。至南宋（1127—1279年）时，马源锐减，马价上涨10多倍，要千斤茶才能换1匹马。清朝顺治年间（1643—1661年），上马给茶12篦，中马给茶9篦，下马给茶6篦。篦，指茶篦，茶叶的一种计量单位，每一茶篦重10斤。即上马120斤，中马90斤，下马60斤。雍正九年（1731年），下马给茶提高到了7篦，且对"各番交易茶马，量给烟酒，以示抚绥"，表明清朝逐步放宽了茶马互市的政策，在交易价格上对西北各族给予了更大的优惠。

历史上的茶马古道并不只一条，而是以川藏道、滇藏道与青藏道（甘青道）三条大道为主线，辅以众多的支线、附线构成的道路网，地跨川、滇、青、藏，向外延伸至南亚、西亚、中亚和东南亚，远达欧洲。三条大道中，以川藏道开通最早，运输量最大，历史作用较大。到达拉萨的茶叶，还经喜马拉雅山口运往印度加尔各答，行销欧亚，延伸为一条国际大通道。这条国际大通道，在抗日战争中华民族生死存亡之际，发挥过重要作用。

茶马古道又是一条人文精神之路。沿途的艰险超乎寻常，马帮们每次踏上征程，就是一次生死之旅。从唐代开始，直到20世纪50年代滇藏、川藏公路修通，历经岁月沧桑1000余年，是名符其实的一带一路。茶马古道互联互通沿途各民族，带动农业、畜牧业发展，促进生活方式、意识形态、艺术、宗教等，在交往、交流和交融中得到空前繁荣和发展，推动了人类文明进步。

图 4-8 酥油

2013 年 3 月 5 日，茶马古道被国务院列为第七批全国重点文物保护单位。

酥油就是黄油，二者都是由新鲜牛奶或羊奶（羊奶酥油呈白色）通过脱脂而成。非要区别的话，酥油是牦牛黄油，牧民自产，以那曲牧区产的质量最好，牛乳轻度发酵，每家发酵度不同，因而味道各有不同。黄油是奶牛黄油，工业化生产，牛乳不发酵。简单地说，现代欧美国家用工业方法收集出的牛奶液表面浮油叫黄油，过去储存条件不好时也带有发酵味道。而西藏、青海牧民打出收集的牦牛奶表面浮油，装在羊皮袋子里，经过自然发酵，就是酥油。酥油是藏族牧民的基本营养来源之一。

奶牛和牦牛区别很大，普通奶牛年产奶 6900 千克（法国红白花牛）至 11800 千克（荷兰荷斯坦奶牛），而牦牛产奶只有 400 千克。奶牛与黄牛同种，中国 19 世纪末引进荷斯坦牛与本土黄牛杂交，经过 20 世纪 70 到 80 年代 10 年的选育攻关形成了中国黑白花奶牛，1997 年中国南方、北方黑白花奶牛被统一命名为中国荷斯坦奶牛，是我国唯一的奶牛品种。牦牛与黄牛、奶牛不同种，杂交生出的牛叫犏牛，犏牛不育，类似骡子。

喝酒 人在高原酒量普遍会增大，有人甚至增加一半量，我认为酒量增大的原因在于两点：一是喝酒不良反应的感觉变弱、变慢，喝酒人"跟着感觉走"，感觉不难受就多喝几杯；二是心跳快上加快，对酒的消化也快了。不过，喝酒加快血液循环，循环的仍是缺氧的或供氧不足的血液，并没有给身体带来什么好处，反而消耗体力。所以，没有富氧环境，在高原喝酒虽然酒量大了，却捞不到什么好处。而且，并非是真的酒量高了，回到平原就会变回原形。

图 4-9　酒　图片作者：周文强

如厕，大小便次数宜增加

人在高原体能消耗增大、饮食量加大；昼夜温差大，夜晚气温低，体育活动减少，肠蠕动变慢；饮食结构中肉、奶比例显著增高，这 3 个原因导致每天 1 次大便有可能不能很好地配合代谢节奏，增加次数能帮助提高新陈代谢质量。我试过一段时间中午主动增加一次大便，效果不错。关于小便，前面章节提到过，人在拉萨的补水量应该比平原增加 50%，心跳加快，肾脏负荷加重，小便次数和尿量会增加 30% 左右。也许与气压低有关系，小便容易憋不住。

总之，这些方面与在平原有所不同，请各位援藏干部自己体会，加以调整。原则是维持新陈代谢的畅通，不留宿便过长，最好不过夜。

睡眠，在西藏是天大的事

最好从家里带来贴身的床上用品，这是我 3 年的教训和经验。教训是：在当地买，无论夏天的、冬天的要不停地适应；经验是：从家带来的更贴心，自己舒服自己知道。在西藏，睡觉是天大的事情，本来睡好就不容易，稍有一点外界影响或不习惯，就更容易睡不好，既影响工作，又损害健康。不应该让床单被套枕头这些小事情将睡眠变成大问题。

多数援藏干部在当地购买床上用品，我的多数用品也是从林廓北路温州商贸城购买的。但如果让我再次选择的话我宁可当少数，自己带铺盖援藏！援藏干部入藏时间是 7 月底，天气不冷，用抽真空包装方式带床薄被、中被和枕头，占不了多大体积，厚的以后再靠快递，也很方便。

"买"就像借别人的车开，"带"就像是开自家车，不在于品牌、新旧，而在于顺手。当凌晨因被子短露出双脚被冻醒而中断睡眠，当枕头高矮不合适而落枕令脖子疼上一周，当铺盖因纯棉度不够翻身摩擦起净电时，我会格外想念北京家中我的被窝，想家就援不好藏。最后提醒，你若怕被人家笑话你带铺盖卷援藏，那就不要告诉人家。

穿衣，经验之谈实用为要

我在西藏总是穿**长衣长裤**，除了夏天踢球的几次，3 年基本上穿不到短袖。秋衣秋裤要常备，越贴身越尽量纯棉，西藏干燥免得起静电。**薄棉衣**也要常备，我备了两件，一件带帽一件不带帽。**厚羽绒服**自不必说，冬季长途行车时要穿厚棉裤，甚至要额外带件大衣盖腿。不盖的话腿冷！腿冷的原因是车内空气稀薄，存不住空调的热量。普通**外裤**要纯棉厚裤。纯棉是怕空气干燥产生静电引起裤腿缠腿，厚裤是因为温差大要保暖。深色衣服会被晒浅，需要有心理准备。**袜子**最好是长腰的线袜，中腰的保暖差，化纤的不仅臭脚还容易起静电。长腰的扎到秋裤裤腿外可以防脚腕受凉，线袜厚一些也是怕脚丫冷。年轻人露脚脖子的装束在高原不适宜，即使在室内也要穿棉拖鞋。**鞋子**不需要多双，最需要有一双"金刚"鞋——皮制的运动鞋，可防雨防雪，走路跟脚、爬山抓地，天冷护脚，透气不捂脚。

图 4-10　皮面运动鞋

洗澡，防缺氧防受寒不可少

到达西藏当天可以洗澡！入藏当天不要洗澡是善意的建议，但这位提出建议的好心人，既不代替你风尘仆仆，也不帮你洗枕巾床单，所以最好还是听自己的。之前我也是把建议当规定，缓一到两天再洗澡，连带洗床单。后来明白了为什么。一是洗澡体力消耗大，血液循环加快，人刚进高原本来就缺氧，洗澡会加重缺氧，带来危险。二是洗澡后头发不擦干容易着凉感冒，人在高原感冒，很危险。明白这个道理后，我戴着氧管洗澡，边吸氧边沐浴，的确没有谁规定不许我这样做，我也就这样做了。援藏要想过得好必须敢于创新。援藏后期，我回到拉萨当天淋浴已成为常态，像在平原出差回家一样，不洗不行。洗完及时擦干头发，避免了以上两种危险。从此洗澡不再成为问题。而且吸氧管从鼻前到"耳下－后－上－前下"的"脑后无管"佩戴方式，不影响洗头。躺下休息，还是这样佩戴，脑后仍然无吸氧管，不影响休息。

不过，我并不是鼓励勤洗澡。西藏空气稀薄，浴室一般设在房间的阴面，如果是冬天，特别是刮大风，浴室内采暖不足以抵挡寒冷的话，可以较长时间不洗澡，用勤换内衣来解决。总体而言，拉萨的大气环境很干净，没有雾霾，很少有灰尘，一身衣服穿 1 周没味道，洗澡频率可以低于内地。

出行，缺氧与交通事故正相关

打出租 拉萨出租车实行先问后上，而且普遍拼车，如遇拒载请不要投诉司机，入乡随俗，与人方便与己方便。短途可以选择人力三轮车，经常定点往返还可以选择骑自行车。

自驾出行 乘车出差带氧气罐，10 升的小罐可竖立绑在越野车后座背后，小罐上部绑住后排座位靠枕，小罐下部宜增加一个绑扎点，西藏路况不好，颠车严重，要绑扎结实。40 升的大罐需平放、斜躺在越野车后备箱里，罐的头部瓶身下可垫上半袋羊粪球，既抗震，又不跑偏，出奇地有效。这是我驻村时的司机兼队友丹增古桑发明的。

援藏干部出行 援藏期间有个好司机搭档很重要。丹增古桑人很聪明，爱说笑话，车技超级好。他说当学徒时师傅对他要求非常严厉，才有了他今天过硬的本领。2013 年年末去昌都，就我俩，早晨很早从比如县出发，沿着 S303 省道，经边坝、洛隆（住）、察雅到达昌都，一路上领教了西藏的山路、土路、暗冰路，当日行程不足 300 千米开行了 17 小时。回程时沿 G317 国道经类乌齐、丁青（住）、巴青、索县回到比如，遇到大段修路，开了 11 个小时。5 天总行程 1580 千米，一半时间跑路，路况异常艰险！如果说蜀道难难于上青天，那么藏道险早已险过天。古桑从容应对，总能化险为夷，驾驶得合理。我十分信任他，坐他的车出行放心。回村后我写下了一首诗，记录此生经历的最险旅程。

《驻村回访，天路难行》

2013 年 12 月 28 日

茫茫那曲昌都崎，土路国道转弯急。暗冰不冻最险地，万丈深渊车轮骑。

五天六地县连县，藏道天路难上难。澜沧江边援友聚，援藏驻村固国旗。

图 4-11　西藏地区的艰险路况

古桑偶尔也吹个小牛，给自己打气、壮胆。说当年的他经常开大车跑格尔木到拉萨，一次连续开3天车未合眼，最后车到了拉萨，人下了车"跟傻了似的，站都站不住，尿都不会撒了"。他意思是说现在这点艰险不算什么。在丁青落脚的那晚，我们在一家小铺子吃晚饭时，同桌碰到一位邮政司机，说每周跑两趟G317，开车29年了。你们明天怎么走，会遇到什么，几点到哪儿，说得精确到位。听到这儿，古桑不说话了，遇见师傅了！

援藏回来之后非常想念古桑，他是我里程碑照片的拍摄者。后来我也为他拍下了他的"1983"里程碑，因为他是一个"80后"。

驾车安全问题

援藏干部牺牲的最大杀手是交通事故而非缺氧，从孔繁森到目前的第八批援藏干部一直都是如此。发生交通事故，除了西藏的道路艰险、气候难料外，驾驶员的缺氧问题一直被忽视，目前还是一个空白地带，缺乏研究，也没有引起社会的重视。

我回到北京后，继续监测自己的经皮动脉血氧饱和度，有一次坐在副驾驶，经皮动脉血氧饱和度竟然低到了86%。我当时想，不会是援藏后遗症吧？仪器坏了？我立即请车里的小孩子测，结果是99%，说明脉搏血氧饱和度检测仪没有坏。后来我在北京街头驾车时，还测得过经皮动脉血氧饱和度为82%的情况。在北京海拔仅有几十米的地方，经皮动脉血氧饱和度比驻足拉萨街头还要低，简直太难以置信。当然，时间不长我的经皮动脉血氧饱和

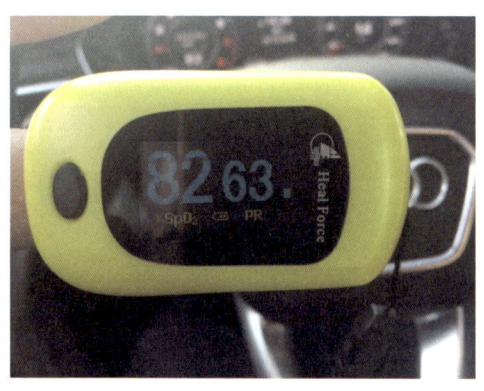

图4-12 在北京测得的经皮动脉血氧饱和度值

第四章 | 生活——西藏是苦乐兼具的地方

度又会恢复到健康水平。不过,交通事故都是一瞬间的事。

我逐渐发现在北京驾车时出现缺氧现象的 3 个因素:一是短暂低;二是特定时段低,一般是在中午或下班前身体最疲劳的时候;三是在复杂操作时低,如过路口时,眼、耳、手、腿、脚、脑并用时。我认为在空气稀薄地区,人本来就缺氧,再进行复杂的驾驶很有可能造成瞬间失意,发生交通事故。

德国规定,司机每行驶 2 小时,就要停下来休息;一天累计行驶达到 8 小时,即使是因为遇到恶劣天气,也必须停下来,若一定要赶路,就要换另一名司机。美国规定,客运大巴必须采用接力的方式把旅客一站接一站地运往远方,如旅客从甲城到丙城可能有几百,甚至上千千米的距离,但不是用一辆大巴车载着旅客从甲城直接到丙城,而是第一辆大巴车把旅客送到乙城,第二辆大巴车再把旅客从乙城送到丙城。这种模式有 4 个好处:

图 4-13　平地翻车

1. 短距离行驶，有助于预防驾驶员疲劳驾驶。

2. 长期重复同一条路线，有助于驾驶员对路况和道路环境的熟悉，增加行车安全。

3. 车辆接力运行，可以得到及时保养。

4. 客源比较容易组织，可提高客运满载率。

在北美家喻户晓的灰狗大巴公司从成立到现今，采取这种经营模式，有着很好的安全记录，很少发生恶性事故。

我国对"疲劳驾驶"有限制性规定，对"疲劳驾驶"的定义是：驾驶员在行车中，由于驾驶作业使生理上或心理上发生某种变化，而在客观上出现驾驶机能低落的现象。规定："饮酒、服用国家管制的精神药品，或者麻醉药品，或者患有妨碍安全驾驶机动车的疾病，或者过度疲劳影响安全驾驶的，不得驾驶机动车。"那么，多长时间算疲劳驾驶呢？"连续驾驶机动车超过4小时未停车休息或者停车休息时间少于20分钟。"问题是，平原规定4小时，我国幅员如此辽阔，在高原也要4小时吗？

现在凡是发生车祸时必须测司机血液中的酒精含量，但血液中的氧含量却从来不测，对于酒驾出危险人们不能接受，对于因大脑缺氧出危险却没有定量管理。2013年10月14日，第七批一名援藏干部去那曲调研路上，由专门司机驾驶的车辆无缘无故，平路翻车，撞断了锁骨，幸好一车人均无生命危险。

我建议高原省区的交通部门进行调查研究，考虑将血氧饱和度作为疲劳驾驶的定量监控指标，超标时及时报警，提醒驾驶员；建议有关部门参与开展相关课题研究，搞清高原道路交通安全为什么是援藏干部第一杀手的原因。

| 第四章 | 生活——西藏是苦乐兼具的地方

锻炼，西藏不宜体能训练

锻炼身体，如果是为了提高竞技水平或运动能力所作的专门训练性锻炼，无论是有氧锻炼（如健美、爬山、长时间慢跑、竞速骑自行车等），还是无氧锻炼（如举重、百米短跑、摔跤等）均不适宜在西藏进行，因为西藏根本不是体能训练的地方，它的客观环境条件无法满足人在训练过程中和训练后身体对氧气的需求。西藏优势竞技体育项目，如马术、摔跤、竞走等，其运动员都是长期在平原训练，而不是在高原，所以，不建议援藏干部在西藏进行高强度体能训练。

室外运动 人在高原进行室外运动要秉承习惯，本来在平原时体育活动就不多的人，没有必要在西藏开设新项目。为了防止长期不运动而造成肌肉和骨骼退化，援藏干部可以在高原散步、练习气功、打太极拳、做工间操、非竞速骑车等。我在援藏期间最多的户外活动除了散步就是踢足球，我们还有一个"援藏足球联盟"，很多援友会在周末相约在操场上踢足球。由于踢足球是我多年的习惯，而且我们是踢踢停停，有时15分钟一节，一场多节，是间隙性比赛，所以在西藏踢足球既能享受运动带来的快乐，还不会让身体持续缺氧。

室内运动 人在高原进行室内锻炼，最好创造"有氧"条件。如在室内快步走或跑步前要先戴好鼻导管，氧气开度6升／分，将自己的经皮动脉血氧饱和度提升到99%后再在跑步机上走起来，逐渐提速，随着脉搏增加，经皮动脉血氧饱和度会随之下降。当步速达到6千米／小时时，快步如飞，再快就要跑起来了，这时经皮动脉血氧饱和度会下降并稳定在95%。随着步伐降速，脉搏降低，经皮动脉血氧饱和度又会回升。整个运动过程不超过30分钟，脉搏不超过130次／分，身体微微出汗，不仅达到"有氧"锻炼效果，身体还可以保持始终不缺氧状态。

　　人在拉萨晚上睡眠时氧气罐阀门开度 1.5 升／分都不到，白天平静状态下经皮动脉血氧饱和度如果要达到 99% 也只要 2.5～3 升／分即可，开到 6 升／分，氧气供应是过分充足的，医院救治肺水肿患者时才是这样。但是，有这么充足的供氧，锻炼身体时血氧饱和度仍然会极为规律地逐步降低到 95%。这表明氧气被另行分配给了更加需要耗氧的肌肉和骨骼，以及肺等为锻炼忙碌起来的脏器，降低了血氧饱和度。所以坚持锻炼会使得骨骼、肌肉，以及心肺功能得到更好营养（氧），更加强健、发达，同时也降低了血氧饱和度，影响大脑的营养（氧）。许多人都有这样的经验，就是运动一段时间后腿脚才开始灵敏，身体"热了""活动开了"，但此时大脑就有点不听使唤了，因为血液中的氧含量低了。所谓"当局者迷，旁观者清"就是这个道理。小孩子如果过早选择体育，过多注重身体锻炼，不注意头脑思维的营养（氧）和锻炼，容易变得头脑简单、四肢发达。这就是为什么真正抓体育要抓体教结合，智力发育和体能锻炼都要抓，因为存在氧气在大脑和骨骼、肌肉间的分配问题和营养谁的问题。

照相，不建议专职摄影

　　有一种说法是，在西藏，随便把相机扔到天上，掉下来张张都是大片。的确如此，西藏的成像条件太好了。空气透彻，反差巨大，补光充分。因此，在西藏照相，关键是构图想反映的主题是不是鲜明、准确和抓拍的瞬间是不是生动，因为美景太多了容易使人眼花缭乱。构图靠眼光和想像力，靠抓瞬间、突出细节。我们的目标应当是拍出通常见到的 90%，留下通常见不到的 10% 让专家们解决，那些极致的、探险的、猎奇的、无以伦比的作品，没有专业精神、玩命精神，真拍不出来。对于这 10% 我们应当坐下来欣赏。在此提醒一句，相机要选购**带 WiFi 和遥控功能**的，方便自拍和秒传手机。援

图4-14　王源宗

藏干部不仅要勤于拍照,还要擅于晒照。经常在朋友圈里发美图、晒存在感,是对亲朋好友关心、牵挂的一种慰藉和回报。

专职摄影就是苦差事了,不建议援藏干部搞摄影,因为摄影必须专心致志,兼职搞不好,我是指成名成家那种。在西藏搞摄影必须有苦行僧精神,备足摄影装备不说,还要会荒野求生,会自找苦吃,会大难不死。美景都在杳无人烟处,杳无人烟处多艰险。当然,西藏"不骗人",天道酬勤,有付出就有回报。

有位叫王源宗的"90后"湖北小伙,2012年才摸相机,2013年大学刚毕业就到西藏当"苦行僧",2014年就有所成就了。他当时迷上了延时摄影,带着他的入门相机和一台破电脑,爬雪山、躲狼群、挨冻挨饿捡饭吃,吃尽了高原的苦头。有一回严重"高反"情况下,他患感冒发起了高烧,不得不去诊所看病，他嫌贵就跟大夫说，我打一支退烧针就行。打完退烧针，背起三脚架就走。医生追出门，追了好远，拍着他的肩膀叫他别拍照片了，先回家好好休息，塞给他几包葡萄糖，不要钱。王源宗吃完葡萄糖，在他的20块钱一天的青年旅社单人床上昏睡了三天三夜，受同屋几个背包客照顾，活了过来。就这样，10个月风餐露宿，半条命搭进去，一个人拍完又一个人制作，精挑细选10万张照片，一部10分06秒的延时摄影视频《西藏星空》轰动全国！微博7万多次转发，全网播放突破2亿，成了好多人去西藏的原因和向别人夸奖西藏的谈资。他现已成为职业环球摄影师，才华充分显露。

纪录片《西藏的诱惑》有这样一句话：猎奇属于匆匆过客，只有责任，才属于志士仁人！每个时代的人都有那个时代赋予的任务，我有幸接受了援藏任务，较好地完成了任务，还与西藏结下了不解之缘。虽然短暂的任务结束了，过往的经历现在都已成为回忆，但对于援藏，我自豪！我骄傲！援藏的责任一直在，就像曾经入伍的战士，时刻听从国家召唤。

任正非先生说："中国13亿人民，我们13亿人每个人做好一件事，拼起来我们就是伟大祖国。"我同很多援藏干部一样，是石榴籽中的一颗，愿更多的人加入到援藏工作中来，一起为伟大祖国的繁荣昌盛助力。

附：入藏装备

附表1-1 入藏装备

用途	名称	备注
防止"缺氧"	脉搏血氧饱和度检测仪（指夹式脉搏血氧仪）	需要一对7号电池，大约可用半年
	海拔计	使用前需做校准设置
	6米吸氧管、直接接头、橡胶管	网上采购应有尽有
	湿化瓶	市场上送氧气瓶不送湿化瓶
抵御温差	戴帽和不戴帽羽绒服两种	薄厚各一件，长款和短款不限
	长袖衣裤	短袖衣裤毫无用处
	手套	薄的使用多、露手指的有时需要
	皮面运动鞋	牛皮面、矮腰、透气、保暖、鞋垫可取出洗涤
	高腰线袜	纯棉线袜、匝口不紧
防紫外线	变色镜或墨镜	戴变色镜也可以夹墨镜片
	大檐帽	长长的帽檐
	防晒霜	物理防晒霜更实用
	飞巾	建议购买质量好一些的，免起球
防干燥	加湿器	可以有两个，静音的也微微有噪声
	润唇膏	滋润度最重要
	红霉素眼膏	棉花棍最好用木柄的
	护肤霜	建议购买保湿效果好的
出行	登山手杖、手电筒、照相机	登山手杖驻村有用，手电筒要有强光，照相机带WiFi功能

后 记

我是一名来自国有资产监管领域的援藏干部，我认为从某种意义上讲，援藏干部也是"国有资产"，需要"监管"。援藏干部是国家从各行各业选调上来对口支援西藏，完成国家稳定西藏、发展西藏战略任务的宝贵人力资源，同时又是某行业、某系统、某工作单位和某个家庭的成员。援藏是对忠、孝的双重考验，是以身报国的选择，同时还肩负着家人对自己身体"保值增值"、防止健康流失期盼的责任。本书正是按照这个思路写成，希望有助于援藏干部树立正确援藏观，保护好自己，完成好工作，造福西藏，报效国家。

这本书的写作耗费了我援藏结束后2年多的业余时间，没有人布置任务，完全自觉自愿。我之所以这样做，是为了兑现我2016年7月25日向中央第八批援藏干部"写点东西"的承诺，让援藏干部和援藏人才的身体更加安全和健康，是出于西藏情结、家国情怀。援藏对于我，虽然付出较多，但收获更大，净化了心灵，完善了"三观"，对我的人生意义是深远和长久的。我有机会发现并解决人在高原缺氧难题，发挥我的科研特长，还要感谢援藏。人生难得几回搏！三年援藏行，一生援藏情。援藏工作虽已结束，但援藏使命永不终结。祖国是多民族大家庭，家庭成员要像石榴籽那样紧紧抱在一起，互助解决发展的不平衡、不充分问题，共同实现美好生活。

在此，我要向我的同事、同学、朋友，以及北方工业大学校友足球俱乐部的队友们说一声"对不起"，我援藏结束后和你们在一起的时间并不比援藏期间多，我非常抱歉。我必须按轻重缓急次序，先做完"防高原缺氧"这件更为紧急的事情，感谢你们的理解和包容！

对于我的家人、亲戚，我感谢你们关爱的眼神、体贴的话语和物资保障，对这些帮助和支持的感谢之情，我无以言表。特别感谢我年迈的父母，对我援藏的支持，您二老给予我精神上的鼓励，以及生活上始终如一、无微不至的照顾，儿子一直幸福地感受着、接受着。

最后感谢妻子、儿子理解我、陪伴我，本书也献给你们！